# 羽毛球竞赛规则

# Laws of Badminton

—— (2017) ——

中国羽毛球协会审定

Edited by the Chinese Badminton Association

北京体育大学出版社

策划编辑　力　歌
责任编辑　张　力
审稿编辑　苏丽敏
责任校对　罗乔欣
版式设计　博文宏图

图书在版编目(CIP)数据

羽毛球竞赛规则.2017/中国羽毛球协会审定.－北京：北京体育大学出版社,2016.11
ISBN 978－7－5644－2442－8

Ⅰ.①羽…　Ⅱ.①中…　Ⅲ.①羽毛球运动－竞赛规则　Ⅳ.①G847.4

中国版本图书馆 CIP 数据核字(2016)第 267573 号

羽毛球竞赛规则(2017)　中国羽毛球协会　审定

出　　版　北京体育大学出版社
地　　址　北京海淀区信息路 48 号
邮　　编　100084
邮 购 部　北京体育大学出版社读者服务部 010－62989432
发 行 部　010－62989320
网　　址　http://cbs.bsu.edu.cn
印　　刷　北京天宇万达印刷有限公司
开　　本　710×1000 毫米　1/16
成品尺寸　240×170 毫米
印　　张　11

2017 年 1 月第 1 版第 1 次印刷　印数：10000 册
定　价　32.00 元
(本书因装订质量不合格本社发行部负责调换)

# 出版说明

本规则是根据世界羽毛球联合会最新的《羽毛球规则》翻译和修订的。鲁钢、林传潮、郁鸿骏、郑三粮、赵小矛、刘茜、刘小峰和刘代娣等同志参与了翻译、修订和审定工作，诸葛睿涵同志参与了编校的组织工作。

如有本规则以外的新规定，以中国羽毛球协会颁发的文件为准。

# 目录 Contents

## 第一章　羽毛球比赛规则



## 第二章　羽毛球比赛通用规程

# 目录 Contents

# 第一章
# 羽毛球比赛规则

# 一、规　则

## 定　义

运 动 员：参加羽毛球比赛的人。

一场比赛：由双方各一名或两名运动员进行的比赛，是羽毛球比赛决定胜负的基本单位。

单　　打：双方各一名运动员进行的比赛。

双　　打：双方各两名运动员进行的比赛。

发 球 方：有发球权的一方。

接发球方：发球方的对方。

回　　合：自开始发球至死球前的一次或多次连续对击。

一　　击：运动员试图击球的一次挥拍动作。

*以下斜体字条款适用于残疾人羽毛球比赛。*

## 1　场地和场地设备

1.1　场地应是一个长方形，用宽 40 毫米的线画出（图 1－1）。

　1.1.1　*轮椅式羽毛球比赛场地分别如图 1－4 和图 1－5 所示。*

　1.1.2　*站立式半场级羽毛球单打比赛场地如图 1－6 所示。*

1.2　线的颜色应是白色、黄色或其他容易辨别的颜色。

1.3　所有的线都是它所界定区域的组成部分。

1.4　从场地地面起，网柱高 1.55 米。当球网被拉紧时（“规则”1.10），网柱应与地面保持垂直。

1.5　不论是单打还是双打比赛，网柱都应放置在双打边线上（图 1－1）。网柱及其支撑物不得延伸进入除边线外的场地内。

1.6　球网应由深色优质的细绳编织成。网孔为均匀分布的方形，边长 15～20 毫米。

1.7　球网上下宽 760 毫米，全长至少 6.10 米。

1.8　球网的上沿是用宽 75 毫米的白带对折成的夹层，用绳索或钢丝从中穿过。夹层的上沿，必须紧贴绳索或钢丝。

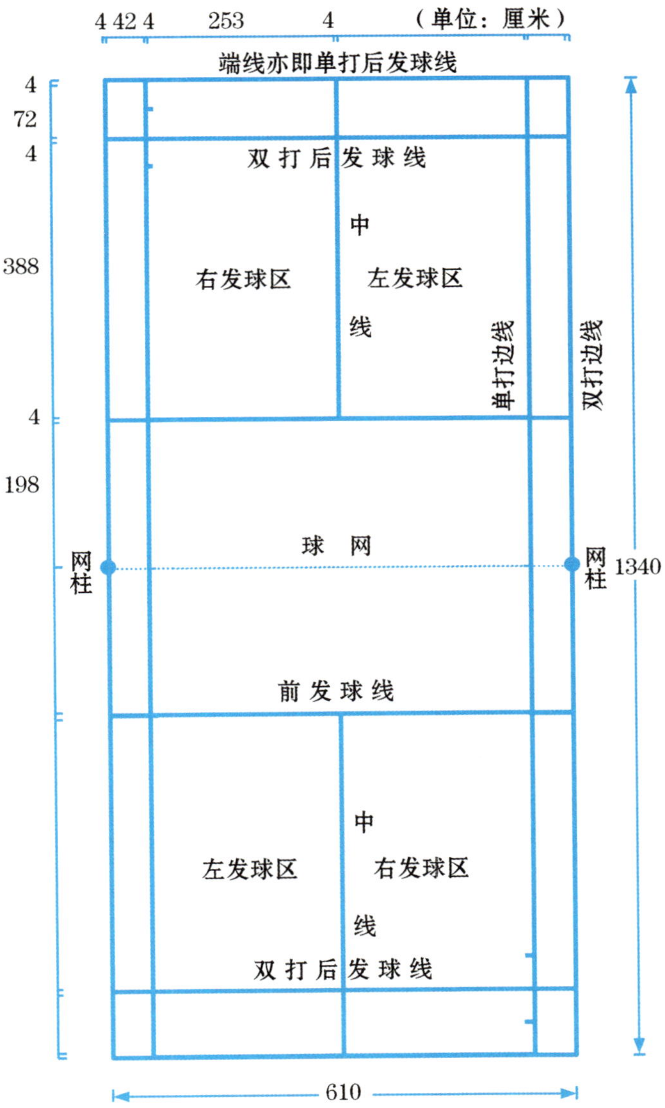


图 1－1

注：双打场地对角线长为 14.723 米，单打场地对角线长为 14.366 米。

1.9 绳索或钢丝应牢固地拉紧，并与网柱顶取平。

1.10 从场地地面起至球网中央顶部应高 1.524 米，双打边线处网高 1.55 米。

1.11 球网两端与网柱之间不应有空隙。

## 2 羽毛球

2.1 球可由天然材料、人造材料或其混合制成。无论是何种材料制成的球，飞行性能应与由天然羽毛和薄皮包裹软木球托制成的球的性能相似。

2.2 天然材料制作的球。

2.2.1 应由 16 根羽毛固定在球托上；

2.2.2 每根羽毛从球托面至羽毛尖的长度，统一为 62 ~ 70 毫米；

2.2.3 羽毛顶端围成圆形，直径为 58 ~ 68 毫米；

2.2.4 羽毛应用线或其他适宜材料扎牢；

2.2.5 球托底部为球形，直径为 25 ~ 28 毫米；

2.2.6 重 4.74 ~ 5.50 克。

2.3 非天然材料制作的球。

2.3.1 球裙由合成材料制成的仿真羽毛代替天然羽毛；

2.3.2 球托应如 2.2.5 所述；

2.3.3 尺寸和重量应如 2.2.2、2.2.3 和 2.2.6 所述。但由于合成材料与天然羽毛在比重、性能上的差异，允许有不超过 10% 的误差；

2.3.4 在因海拔或气候等条件不适宜使用标准球的地方，只要球的一般式样、速度和飞行性能不变，经有关会员协会批准，可以变通以上规定。

## 3 球速的检验

3.1 验球时，运动员应在端线外用低手向前上方全力击球；球的飞行方向应与边线平行。

3.2 符合标准速度的球，应落在场内距离对方端线外沿 530 ~ 990 毫米之间的区域内（图 1－2）。

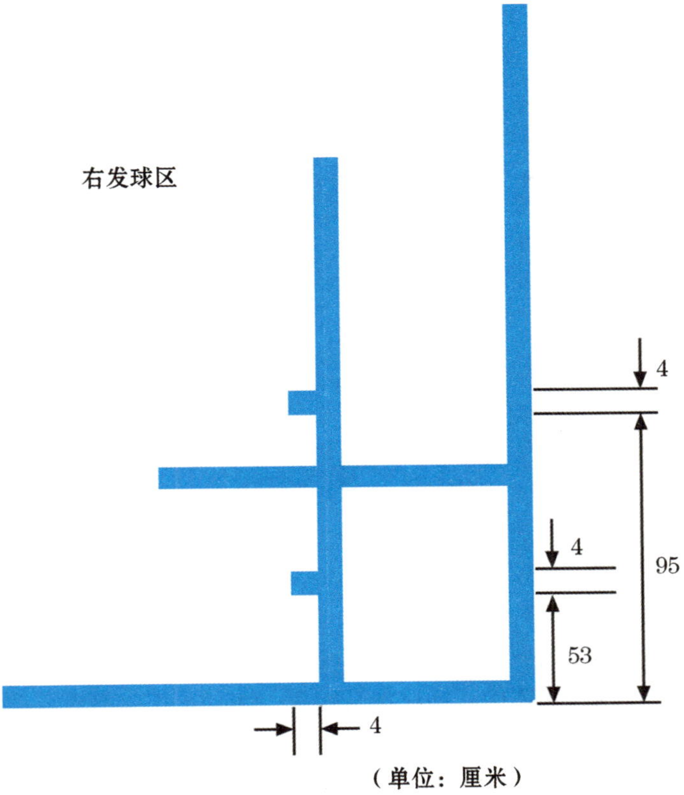


图 1－2

## 4 羽毛球拍

4.1 球拍长不超过 680 毫米，宽不超过 230 毫米，由 4.1.1 至 4.1.5 所述的各主要部分构成（图 1－3）。

4.1.1 拍柄是击球者通常握拍的部分；

4.1.2 拍弦面是击球者通常用于击球的部分；

4.1.3 拍头界定了拍弦面的范围；

4.1.4 拍杆通过 4.1.5 所述的部件，连接拍柄与拍头；

4.1.5 连接喉（如有）连接拍杆与拍头。

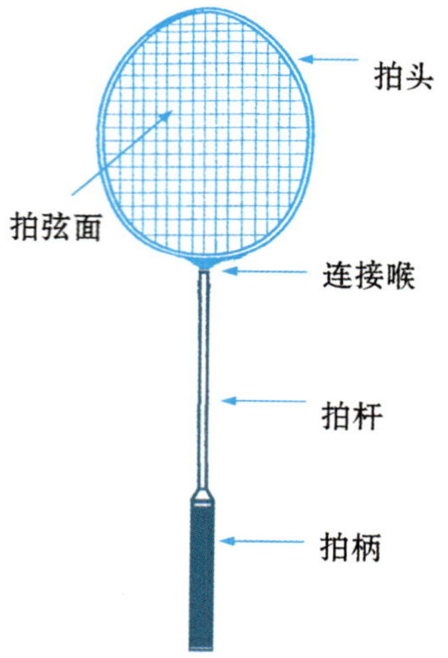


图 1－3

4.2 拍弦面。

4.2.1 拍弦面应是平的，用拍弦穿过拍头十字交叉或其他形式编织而成，编织的式样应保持一致，尤其是拍弦面中央的编织密度，不得小于其他部分；

4.2.2 拍弦面长不超过 280 毫米，宽不超过 220 毫米，拍弦可延伸进连接喉区域；

4.2.2.1 伸入拍弦区域的宽不得超过 35 毫米；

4.2.2.2 包括拍弦伸入区在内的拍弦面总长不得超过 330 毫米。

4.3 球　拍。

4.3.1 球拍不允许有附加物和突出部，除非是为了防止磨损、断裂、振动或调整重心的附加物，或预防球拍脱手而将拍柄系在手上的绳索，但其尺寸和位置必须合理；

4.3.2 球拍上不允许附加任何可能从本质上改变球拍形式的装置。

## 5 设备的批准

5.1 **审批**

有关球、球拍、设备以及试制品能否用于比赛等问题，由世界羽联裁定。这种裁定可由世界羽联主动作出，也可根据对其有切身利益的个人、团体（包括运动员、技术官员、设备厂商、会员协会或其他成员）的申请而作出。

5.2 ***残疾人羽毛球比赛辅助设备***

*残疾人羽毛球比赛，可以使用轮椅或拐杖；*

5.2.1 *运动员的身体可用一弹性带固定在轮椅上；*

5.2.2 *可在轮椅上安装可延伸至主轮外的支承轮；*

5.2.3 *运动员的双脚必须固定在轮椅的搁脚板上。*

## 6 挑　边

6.1 比赛开始前应挑边，赢方应在6.1.1或6.1.2选项中做出选择。

6.1.1 先发球或先接发球；

6.1.2 在一个场区或另一个场区开始比赛。

6.2 输的一方，在余下的一项中选择。

## 7 计分方法

7.1 除非另有规定（“礼让比赛”和“其他记分方法”），一场比赛应以三局两胜定胜负。

7.2 除规则7.4和7.5的情况外，先得21分的一方胜一局。

7.3 对方“违例”或球触及对方场区内的地面成死球，则本方胜这一回合并得一分。

7.4 20平后，领先得2分的一方胜该局。

7.5 29平后，先到30分的一方胜该局。

7.6 一局的胜方在下一局首先发球。

## 8 交换场区

8.1 以下情况，运动员应交换场区：

8.1.1　第一局结束；
8.1.2　第二局结束（如果有第三局）；
8.1.3　在第三局比赛中，一方先得 11 分时。

8.2　如果运动员未按规则 8.1 的规定交换场区，一经发现，在死球后立即交换，已得比分有效。

# 9　发　球

9.1　合法发球。

9.1.1　一旦发球员和接发球员做好准备，任何一方不得延误发球；
9.1.2　发球员的球拍头完成后摆，任何对发球开始的延误都是延误（“规则”9.2）；
9.1.3　发球员和接发球员，应站在斜对角的发球区内（图 1－1），脚不得触及发球区和接发球区的界线；

*9.1.3.1　残疾人羽毛球轮椅式和站立式半场级比赛场地分别如图1－4 和图1－6 所示；*

9.1.4　从发球开始（“规则”9.2），至发球结束（“规则”9.3）前，发球员和接发球员的两脚，都必须有一部分与场地的地面接触，不得移动；

*9.1.4.1　轮椅式比赛：从发球开始至发球结束，发球员和接发球员的轮椅必须静止不动，发球员的轮椅自然的逆向移动除外；*

9.1.5　发球员的球拍，应首先击中球托；
9.1.6　发球员的球拍击中球的瞬间，整个球应低于发球员的腰部。腰指的是发球员最低肋骨下缘的水平切线；

*9.1.6.1　轮椅式比赛，发球员的球拍击中球的瞬间，整个球应低于发球员的腋下；*

9.1.7　发球员的球拍击中球的瞬间，拍杆和拍头应指向下方；
9.1.8　发球开始（“规则”9.2）后，发球员必须连续向前挥拍，直至将球发出（“规则”9.3）；
9.1.9　发出的球应向上飞行过网，如果未被拦截，球应落在规定的接发球区内（即落在界线上或界线内）；
9.1.10　发球员发球时，应击中球。

9.2 一旦运动员站好位置准备发球，发球员的球拍头开始向前挥动，即为发球开始。

9.3 一旦发球开始（“规则”9.2），发球员的球拍击中球或未能击中球，均为发球结束。

9.4 发球员应在接发球员准备好后才能发球，如果接发球员已试图接发球，即被视为已作好准备。

9.5 双打比赛发球时，发球员和接发球员的同伴应在各自的场区内。其站位不限，但不得阻挡对方发球员或接发球员的视线。

## 10 单 打

### 10.1 发球区和接发球区

10.1.1 一局中，发球员的分数为0或双数时，双方运动员均应在各自的右发球区发球或接发球；

10.1.2 一局中，发球员的分数为单数时，双方运动员均应在各自的左发球区发球或接发球；

10.1.3 *在残疾人羽毛球半场级的比赛中，发球员和接发球员应在各自的发球区发球和接发球。*

### 10.2 击球顺序和位置

一回合中，球应由发球员和接球员交替从各自所在场区一边的任何位置击出，直至成死球为止（“规则”15）。

### 10.3 得分和发球

10.3.1 发球员胜一回合（“规则”7.3）则得一分。随后，发球员再从另一发球区发球；

10.3.2 接发球员胜一回合（“规则”7.3）则得一分。随后，接发球员成为新发球员。

## 11 双 打

11.1 发球区和接发球区。

11.1.1 一局中，发球方的分数为0或双数时，发球方均应从右发球区发球；

11.1.2 一局中，发球方的分数为单数时，发球方均应从左发球区发球；

11.1.3 接发球方上一回合最后一次发球的运动员应在原发球区。其同伴的站位与其相反；

11.1.4 接发球员应是站在发球员斜对角发球区的运动员；

11.1.5 发球方每得一分，原发球员则变换发球区再发球；

11.1.6 除规则 12 的情况外，球都应从与发球方得分相对应的发球区发出。

11.2 击球顺序和位置。

每一回合发球被回击后，由发球方的任何一人和接球方的任何一人，交替在各自场区一边的任何位置击球，如此往返直至死球（“规则”15）。

11.3 得分和发球。

11.3.1 发球方胜一回合（“规则”7.3）则得一分。随后发球员继续发球；

11.3.2 接发球方胜一回合（“规则”7.3）则得一分。随后接发球方成为新发球方。

11.4 发球顺序。

每局比赛的发球权必须如下传递：

11.4.1 首先是由首先发球员从右发球区发球；

11.4.2 其次是首先接发球员的同伴，从左发球区发球；

11.4.3 然后是首先发球员的同伴；

11.4.4 接着是首先接发球员；

11.4.5 再接着是首先发球员，依此传递。

11.5 运动员在比赛中不得有发球、接发球顺序错误或在一局比赛中连续两次接发球（“规则”12 的情况除外）。

11.6 一局胜方的任一运动员可在下一局先发球；一局负方的任一运动员可在下一局先接发球。

## 12 发球区错误

12.1 以下情况为发球区错误：

12.1.1 发球或接发球顺序错误；

12.1.2 在错误的发球区发球或接发球。

12.2 如果发现发球区错误，应在死球后予以纠正，已得比分有效。

# 13 违 例

以下情况均属违例：

13.1 不合法发球（“规则”9.1）。

13.2 球发出后：

13.2.1 停在网顶；

13.2.2 过网后挂在网上；

13.2.3 被接发球员的同伴击中。

13.3 比赛进行中，球：

13.3.1 落在场地界线外（即未落在界线上或界线内）；

13.3.2 未从网上越过；

13.3.3 触及天花板或四周墙壁；

13.3.4 触及运动员的身体或衣服；

13.3.4.1 *残疾人羽毛球轮椅式比赛：视轮椅或拐杖为运动员身体的一部分；*

13.3.5 触及场地外其他物体或人；

（关于比赛场馆的建筑结构问题，必要时，地方羽毛球竞赛承办机构可以制定羽毛球触及建筑物的临时规定，但其归属的世界羽联会员协会有否决权）

13.3.6 被击时停滞在球拍上，紧接着被拖带抛出；

13.3.7 被同一运动员两次挥拍连续两次击中，但一次击球动作中球被拍框和拍弦面击中不属违例；

13.3.8 被同方两名运动员连续击中；

13.3.9 触及运动员球拍，而未飞向对方场区。

13.4 比赛进行中，运动员：

13.4.1 球拍、身体或衣服，触及球网或球网的支撑物；

13.4.2 球拍或身体，从网上侵入对方场区（击球时，球拍与球的接触点在击球者网这一方，而后球拍随球过网的情况除外）；

13.4.3 球拍或身体，从网下侵入对方场区，导致妨碍对方或分散对方的注意力；

13.4.4 妨碍对方，即阻挡对方紧靠球网的合法击球；

13.4.5 故意分散对方注意力的任何举动，如喊叫、做手势等；

13.4.6 *在轮椅式比赛中，*

13.4.6.1 *运动员击中球瞬间，其躯干无任何部位与轮椅座面接触；*

13.4.6.2 *脚未固定在搁脚板上；*

13.4.6.3 *比赛进行中，运动员双脚的任何部位触及地面。*

13.5 运动员严重违犯或屡犯规则 16 的规定。

## 14 重发球

14.1 由裁判员或运动员（未设裁判员时）宣报“重发球”，用以中断比赛。

14.2 以下情况为“重发球”：

14.2.1 发球员在接发球员未做好准备时发球（“规则”9.5）；

14.2.2 在发球过程中，发球员和接发球员都被判违例；

14.2.3 发出的球被回击后，

14.2.3.1 球停在网顶，

14.2.3.2 球过网后挂在网上；

14.2.4 比赛进行中，球托与球的其他部分完全分离；

14.2.5 裁判员认为比赛被干扰或教练员干扰了对方运动员的比赛；

14.2.6 司线员未能看清，裁判员也不能做出裁决时；

14.2.7 遇到不可预见的意外情况。

14.3 “重发球”时，该次发球无效，原发球员重新发球。

## 15 死　球

以下情况为死球：

15.1 球撞网或网柱后，开始向击球者网这方的地面落下。

15.2 球触及地面。

15.3 宣报了“违例”或“重发球”。

## 16 比赛连续性、行为不端及处罚

16.1 除规则 16.2、16.3 和 16.5.3 允许的情况外，比赛自第一次发球开始至该场比赛结束应是连续的。

16.2 间歇。

16.2.1 每局比赛，当一方先得 11 分时，允许有不超过 60 秒的间歇；

16.2.2 所有比赛中，局与局之间允许有不超过 120 秒的间歇。（有电视转播的比赛，裁判长可在该场比赛前决定变更 16.2 规定的间歇时间。）

16.3 比赛的暂停。

16.3.1 遇不是运动员所能控制的情况，裁判员可根据需要暂停比赛；

16.3.2 遇特殊情况，裁判长可要求裁判员暂停比赛；

*在残疾人羽毛球比赛中，修理运动员辅助设备（“规则”5.2）可视为特殊情况。*

16.3.3 如果比赛暂停，已得比分有效，恢复比赛时由该比分计起。

16.4 延误比赛。

16.4.1 不允许运动员为恢复体力、喘息或接受指导而延误比赛；

16.4.2 裁判员是“延误比赛”的唯一裁决者。

16.5 指导和离开场地。

16.5.1 在一场比赛中，死球时（“规则”15），允许运动员接受指导；

16.5.2 在一场比赛中，运动员未经裁判员允许不得离开场地（“规则”16.2 规定的间歇除外）；

16.5.3 *在轮椅式比赛中，允许运动员在一场比赛中有额外的一次间歇离开场地以便插入导管。该运动员应由世界羽联委派的任一技术官员陪同。*

16.6 运动员不得有下列行为：

16.6.1 故意延误或中断比赛；

16.6.2 故意改变或损坏球，以此影响球的速度或飞行；

16.6.3 举止无礼；

16.6.4 规则未述的其他不端行为。

16.7 对违犯者的处罚。

16.7.1 对违犯规则 16.4.1、16.5.2 或 16.6 的运动员，裁判员应执行：

16.7.1.1 警告；

16.7.1.2 对已被警告过的一方判违例；或

16.7.1.3 对严重违犯或违犯规则 16.2 的一方判违例。

16.7.2 在判违犯方违例时（“规则”16.7.1.2 或 16.7.1.3），裁判员应立即报告裁判长；裁判长有权取消其该场比赛资格。

## 17 技术官员职责和申诉受理

17.1 裁判长对比赛全面负责。

17.2 临场裁判员主持一场比赛，并管理该比赛场地及其紧邻的区域；裁判员对裁判长负责。

17.3 发球裁判员负责宣判发球员的发球违例（“规则”9.1.2 至 9.1.9）。

17.4 司线员负责宣判球在其分管线的落点是“界内”或“界外”。

17.5 除以下情况外，技术官员对其所分管职责内事实的宣判是最后的裁决：

17.5.1 当裁判员确认司线员明显错判时，允予纠正；

17.5.2 当有即时回放系统时，由该系统（第一章四）对球落点宣判的挑战予以裁决。

17.6 裁判员应：

17.6.1 维护和执行羽毛球比赛规则，及时宣判“违例”或“重发球”；

17.6.2 对在下一次发球前提出的申诉做出裁决；

17.6.3 确保运动员和观众能随时了解比赛进展情况；

17.6.4 与裁判长磋商后指派或撤换司线员或发球裁判员；

17.6.5 在技术官员不足时，对无人执行的职责做出安排；

17.6.6 在技术官员视线被挡时，执行其职责或判“重发球”；

17.6.7 记录并向裁判长报告与规则 16 有关的所有情况；

17.6.8 将仅与规则有关的申诉提交裁判长。（此类申诉必须在下次发球击出前提出；如果该场比赛结束，则应在申诉方离开场地前提出）

注：在下列各图中 = 比赛场区 = 发球区

图 1－4

残疾人羽毛球轮椅式比赛单打比赛场区和发球区

图 1－5

残疾人羽毛球轮椅式比赛双打比赛场区和发球区

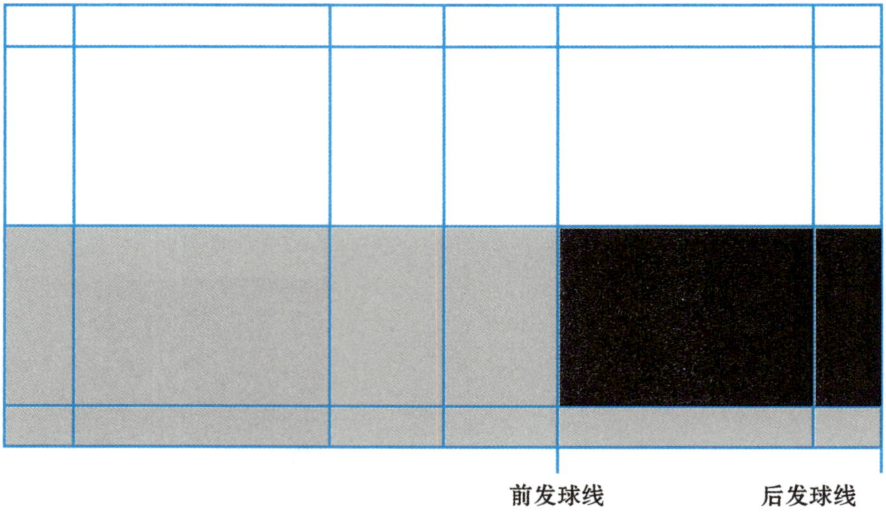


图1－6

*残疾人羽毛球站立式半场级场地单打比赛场区和发球区*

*所有其他站立式比赛均使用羽毛球比赛单打和双打标准场地（图1－1）*

# 二、对技术官员的建议

## 1 引 言

1.1 世界羽联发布《对技术官员的建议》（下称《建议》）的目的，是期望所有国家能依据《羽毛球竞赛规则》使控制临场比赛的裁判工作标准化。

1.2 本《建议》向裁判员提出，在保证遵守比赛规则的同时，应严格、公正、不滥用职权地控制好比赛；同时对发球裁判员和司线员执行他们的职责给予指导。

1.3 所有技术官员都必须记住，比赛是为运动员的。

## 2 技术官员及其职责

2.1 裁判员在裁判长的领导下工作，并向裁判长负责（“规则”17.2），（未设裁判长时，向竞赛负责人负责）。

2.2 发球裁判员一般由裁判长指派，但裁判长可予以撤换或经裁判员与裁判长商议后予以撤换（“规则”17.6.4）。

2.3 司线员一般由裁判长指派，但裁判长可予以撤换或经裁判员与裁判长商议后予以撤换（“规则”17.6.4）。

2.4 技术官员对其所分管职责内事实的宣判是最后的裁决。当裁判员确认司线员明显错判时，允予纠正（“规则”17.5）。有即时回放系统的场地，由该系统对球落点宣判的挑战予以裁决（“规则”17.5.2）。如果需要撤换司线员，应召唤裁判长商定（“规则”17.6.4 和“建议”2.3）。

2.5 当技术官员因视线被挡未能做出裁决时，由裁判员裁决。若裁判员也不能做出裁决时，则判“重发球”（“规则”17.6.6）。

2.6 临场裁判员主持一场比赛，并管理该比赛场地及其紧邻的区域。管理时限从该场比赛裁判员进入场地开始，直至该场比赛结束后离开场地为止（“规则”17.2）。

## 3 对裁判员的建议

3.1 比赛开始前，裁判员应：

3.1.1 向裁判长领取记分表。

3.1.2 确保计分器正常工作。

3.1.3 确保网柱放置在双打边线上（“规则”1.5）。

3.1.4 检查网高，并保证球网两端与网柱之间没有空隙。

3.1.5 确定是否有羽毛球触及障碍物的补充规定。

3.1.6 确保发球裁判员和司线员明确各自的职责，位置安排正确（“建议”5和6）。

3.1.7 确保有足够数量并经检测的比赛用球（“规则”3），避免延误比赛。（如果已指派了发球裁判员，按惯例，裁判员可将《建议》中3.1.3、3.1.4和3.1.7的职责委托给发球裁判员。）

3.1.8 检查运动员服装的颜色、图案、字样和广告是否符合规定；并确保违规情况能得到纠正。有关违犯服装规定的任何裁定，都必须在该场比赛前报告裁判长或相应的竞赛负责人，如赛前无法报告，则应在该场比赛结束后立即报告。

3.1.9 公正地执行“挑边”，确保赢方和输方进行正确地选择（“规则”6），并记录挑边的结果。

3.1.10 双打比赛时，记下开局时站在右发球区的运动员姓名，以便随时检查发球时运动员是否站在正确的发球区内。每局开始时都必须做相应的记录。

3.2 比赛开始，裁判员应按以下形式宣报。介绍运动员时，手相应地指向右边或左边。（W、X、Y、Z表示运动员姓名，A、B、C、D表示国名或地区名）

### 单 打

#### 单项赛

“女士们、先生们，在我右边‘X、A’，在我左边‘Y、B’，‘X’发球，比赛开始，0比0。”

**团体赛**

“女士们、先生们，在我右边‘A’、‘X’，在我左边‘B’、‘Y’。‘A’发球，比赛开始，0比0。”

## 双　打

**单项赛**

“女士们、先生们，在我右边‘W、A’和‘X、B’，在我左边‘Y、C’和‘Z、D’）；‘X’发球，‘Y’接发球，比赛开始，0比0。”

如果两名配对的双打运动员代表同一个国家或地区，则先宣报该两名运动员的姓名后，再报其国名或地区名，如“W和X，A”。

**团体赛**

“女士们、先生们，在我右边‘A’、‘W’和‘X’，在我左边‘B’、‘Y’和‘Z’；‘A’、‘X’发球，‘Y’接发球，比赛开始，0比0。”

裁判员宣报“比赛开始”，即为一场比赛的开始。

**3.3　比赛中**

3.3.1　裁判员：

3.3.1.1　应使用第一章比赛规则三中的“技术官员规范用语”。

3.3.1.2　应记录和报分。报分时，总是先报发球员的分数。

3.3.1.3　如果指派了发球裁判员，发球时裁判员主要关注接发球员。但必要时，也可宣报“发球违例”。

3.3.1.4　应随时注意计分器的显示是否正确。

3.3.1.5　需要裁判长帮助时，将右手高举过头。

3.3.1.6　当需要使用即时回放系统对球落点的宣判做出裁决时，将左手高举过头。

3.3.2　当一方输了一回合而失去发球权时（“规则”10.3.2和11.3.2），应宣报：

“换发球”。

随后，先报新发球方的分数，接着报新接发球方的分数。必要时，用适当的手势同时指向新发球员及其正确的发球区。

3.3.3　只有裁判员才可宣报“比赛开始”或“继续比赛”，以表明：

3.3.3.1 一场或一局比赛的开始，或交换场区后一局比赛的继续。

3.3.3.2 比赛中断后恢复比赛。

3.3.3.3 裁判员要求运动员继续比赛。

3.3.4 当违例发生时，裁判员应宣报“违例”。以下情况除外：

3.3.4.1 发球裁判员根据规则13.1宣报发球“违例”（“规则”9.1）时，裁判员应宣报“发球违例”以确认这一裁决，裁判员在判接发球违例时，宣报“接发球违例”。

3.3.4.2 司线员根据比赛规则13.3.1所述的“违例”，做了宣报或出示了手势（“建议”6.2）。

3.3.4.3 属于规则13.2.1、13.2.2或13.3.2情况所述的“违例”，只有在有必要向运动员或观众表明时，才宣报“违例”。

3.3.5 当一局比赛领先方得11分时（或在使用第一章 八所述的“其他计分方法”的比赛中，当一局比赛领先方得相应分数时），该回合一结束，应立即宣报“换发球”（需要时），随后宣报比分和“间歇”，不受观众鼓掌、欢呼的影响，马上执行规则16.2.1有关“间歇”的规定，间歇时间从此时算起。在“间歇”期间，发球裁判员要确保场地被擦干净。

3.3.6 在一局比赛领先方得11分的间歇中（“规则”16.2.1或在使用第一章 八所述的“其他计分方法”的比赛中，当一局比赛领先方得相应分数时），40秒时，应重复宣报：“……号场地20秒”。

每局交换场区，以及第三局交换场区的间歇中（“规则”16.2.1），允许双方各有不超过两人进入场地。当裁判员宣报：“……号场地20秒”时，这些人员应离开场地。间歇后恢复比赛时宣报：“继续比赛”，并再次宣报比分。如果运动员不需要规则16.2.1规定的间歇，可继续比赛。

3.3.7 延伸比赛。

3.3.7.1 在每局比赛领先方得20分时，要宣报“局点”或“场点”。

3.3.7.2 每局比赛中任何一方分数到达29分时，都应宣报

“局点”或“场点”。

3.3.7.3 有关《建议》3.3.7.1 和 3.3.7.2 的宣报，要在报分之前进行。用英文宣报时，“局点”或“场点”总是在发球方分数后，接发球方分数前。

3.3.8 每一局最后一个回合结束，必须立即宣报“……局比赛结束”，而不受鼓掌、喝彩声等影响。规则 16.2.2 允许的间歇时间从此时开始算起。

第一局结束后，宣报：

“第一局比赛结束，……（运动员姓名或团体赛队名）胜……（比分）。”

第二局结束后，宣报：

“第二局比赛结束，……（运动员姓名或团体赛队名）胜……（比分），局数 1 比 1。”

每局结束，发球裁判员都应保证场地被擦干净；间歇时将间歇标志放置网下方场地中央。

如果胜这一局即胜该场比赛，则宣报：

“比赛结束”，接着宣报“……（运动员姓名或团体赛队名）胜……（各局比分）”。

3.3.9 在第一局和第二局、第二局和第三局间的间歇中（规则 16.2.2），100 秒时，应重复宣报：

“……号场地 20 秒。”

间歇（“规则”16.2.2）中，允许双方各有不超过两人在运动员交换场区后进入场地。

当裁判员宣报“……号场地 20 秒”时，这些人应离开场地。

3.3.10 第二局比赛开始时，宣报：

“第二局比赛开始，0 比 0。”

如果要赛第三局，比赛开始时，宣报：

“决胜局比赛开始，0 比 0。”

3.3.11 第三局或只进行一局的比赛，当领先方得 11 分时（“规则”8.1.3），宣报“换发球”（需要时），再报分，接着再宣报“间歇，交换场区”。间歇后比赛开始，应宣报“继续比赛”并再次报分。

3.3.12 一场比赛结束后，应立即将记录完整的记分表送交裁判长。

## 3.4 球落点的宣判

3.4.1 球落在界线附近或无论界外多远，裁判员都应看司线员。司线员对其看管线附近球落点的裁决负全责（下列3.4.2或3.4.4的情况除外）。

3.4.2 若裁判员确认司线员明显错判，则应宣报：

3.4.2.1 “纠正，界内”（如球落在界内）；

3.4.2.2 “纠正，界外”（如球落在界外）。

3.4.3 未设司线员或司线员未能看清时，裁判员应立即宣报：

3.4.3.1 “界外”，接着再报比分（球落在界线外）；报分前加报“换发球”（需要时）。

3.4.3.2 “比分”（球落在界线内），报分前加报“换发球”（需要时）。

3.4.3.3 “重发球”（裁判员也未能看清）。有即时回放系统的场地，当裁判员需获取即时回放系统的裁决时，应宣报“未看清”。

3.4.4 当有即时回放系统（“规则”17.5.2，第一章 四）时，如果裁判员或司线员的宣判受到运动员（对/队）的挑战（“建议”3.4.2、3.4.3，6.2、6.3），裁判员应确认该运动员（对）是否仍具有挑战权；运动员应对裁判员说“挑战”，并举起手臂，明确示意。

3.4.4.1 如果运动员仍具有挑战权，裁判员应宣报：“…（提出挑战的运动员姓名）挑战宣判“界内”（或“界外”），同时左手高举过头（图1－7）。

图 1－7

3.4.4.2 该系统将对相应的落点进行回放，并将挑战的最终裁决“界内”、“界外”、或“无结论”告知裁判员。

3.4.4.3 对挑战结果的宣报：

- 如果挑战成功，宣报：“纠正，界内”或“纠正，界外”。随后依情况宣报：“换发球”、“比分”和“继续比赛”。
- 如果挑战失败，宣报：“挑战失败”，“还有一次挑战权或没挑战权”。随后，依情况宣报：“换发球”、“比分”和“继续比赛”。
- 如果挑战的最终裁决是“无结论”，则对“未看清”的回放判“重发球”，否则原被挑战的裁决有效。

## 3.5 比赛时，应注意并处理以下情况

3.5.1 运动员将球拍掷入对方场区或从网下滑入对方场区，并因此妨碍或分散对方注意力，应根据规则 13.4.3 或 13.4.2，判违例。

3.5.2 球从邻场侵入场区时，以下情况不判“重发球”。如果裁判员认为：

3.5.2.1 未引起运动员注意。

3.5.2.2 未妨碍或干扰运动员比赛。

3.5.3 对正在击球的同伴大声喊叫，不应视为分散对方注意力。向对方叫喊“别接”、“违例”等，则应视为分散对方注意力（“规则”13.4.5）。

3.5.4 运动员离开场地。

3.5.4.1 除规则 16.2 规定的间歇外，运动员未经裁判员同意，不得离开比赛场地（“规则”16.5.2）。

3.5.4.2 应提醒违犯方，离开场地必须经裁判员同意（“规则”16.5.2）。必要时执行规则 16.7 的规定。但允许运动员在对击中到场边更换球拍。

3.5.4.3 比赛中，如果比赛未被不当中断，裁判员可允许运动员迅速地擦汗或喝水。

3.5.4.4 如需要擦地板时，在擦地板结束前运动员应在场地内。

3.5.5 延误和中断比赛。

不允许运动员故意中断或延误比赛（“规则”16.4）；制止其在场地做不必要的兜圈走动；必要时执行规则 16.7 的有关规定。

3.5.6 场外指导。

3.5.6.1 一旦双方运动员准备好比赛，以及比赛进行中都应制止场外指导（“规则”16.5.1）。

3.5.6.2 确保：

3.5.6.2.1 比赛中，教练员坐在指定的椅子上，不得站在场边（除“规则”16.2 允许的间歇外）；

3.5.6.2.2 教练员不得分散运动员的注意力或使比赛中断；

3.5.6.2.3 比赛进行中，教练员不得试图以任何方式与对方运动员、教练员、随队官员交流，或以任何目的使用电子设备。

3.5.6.3 如果裁判员认为比赛被干扰，或教练员分散了对方运动员的注意力，则判“重发球”（“规则”14.2.5）。再次出现该情况时，立即召唤裁判长。

3.5.6.4 裁判长应确保所有教练员及随队官员遵守其行为规范（“教练员随队官员行为规范”）。

3.5.7 换球。

3.5.7.1 比赛时，换球应公正。裁判员应对是否换球作出决定。

3.5.7.2 球的速度或飞行受到干扰时，应换球。必要时执行规则16.7的有关规定。

3.5.7.3 裁判长是决定球速的唯一裁决者。如果比赛双方均要求更换球速，应立即召唤裁判长。必要时，可以试球。

3.5.8 比赛时伤、病的处理。

3.5.8.1 裁判员应谨慎、灵活地处理比赛时运动员的伤、病，迅速、准确地判定伤、病的严重程度。必要时召唤裁判长。

裁判长必须决定是否需要医务人员或其他人员进场。医务人员应对运动员进行检查，并告知伤病的严重程度。如出血，应暂停比赛，直至止血或伤口得到妥善处理为止。

对治疗应实行有效管理，不得因治疗而延误比赛。

3.5.8.2 裁判长应告知裁判员，该运动员恢复比赛可能需要的时间。裁判员应监控所用时间。

3.5.8.3 处理时，裁判员应确保不给对方造成不利影响，同时恰当地执行规则16.4、16.5、16.6.1和16.7的规定。

3.5.8.4 由于伤、病或其他不可避免的原因，造成比赛中断，应及时询问该运动员：
“你要弃权吗？”
如果回答是肯定的，应宣报：
“……（运动员姓名或队名）弃权；”
“……（运动员姓名或队名）胜，……（比分）。”

3.5.9 手机。

比赛中，如果运动员的手机在场地或其紧邻的区域响铃，应视为违犯规则 16.6.4 的规定，按规则 16.7 规定进行相应处罚。

3.5.10 运动员场上的行为。

3.5.10.1 裁判员应确保运动员在场上的举止符合运动员行为规范。

3.5.10.2 任何违反运动员行为规范 4.5 至 4.7 和 4.11 至 4.17 的行为（“运动员行为规范”），均视为违犯规则 16.6.4。

## 3.6 比赛暂停

如果比赛暂停，应宣报：
“比赛暂停。”并记录比分、发球员、接发球员、正确的发球区和场区。
恢复比赛时，应记录暂停持续的时间，确认运动员的正确站位，并询问：
“准备好了吗？”
再宣报：“继续比赛”和比分。

## 3.7 行为不端

3.7.1 记录并向裁判长报告任何不端行为及其处理。

3.7.2 当裁判员对违犯规则 16.4.1、16.5.2 或 16.6 的违犯方警告（“规则”16.7.1.1）时，应召该违犯运动员：
“到这里来。”
并宣报：
“警告，……（运动员姓名）行为不端。”同时，右手持黄牌举过头顶（图 1－8）。

3.7.3 当裁判员按规则 16.7.1.2 或 16.7.1.3 对严重违犯或屡犯规则

图 1－8

16.2、16.4.1、16.5.2 或 16.6 的一方判违例，并拟向裁判长建议取消该运动员比赛资格时，应召该违犯运动员：

“到这里来。”

并宣报：

“违例，……（运动员姓名）行为不端。”

同时，右手持红牌举过头顶，并召唤裁判长。

3.7.4 在裁判长决定取消该方运动员比赛资格时，将黑牌交给裁判员。裁判员应召该违犯运动员：

“到这里来。”

并宣报：

“……（运动员姓名）行为不端，取消比赛资格。”

同时，右手持黑牌举过头顶。

任何由于行为不端而被取消比赛资格的运动员将取消其整个赛事的比赛资格。

3.7.5 间歇期间的行为不端（“规则”16.2）的处理方法，与一局中的行为不端的处理方法相同。出现行为不端后，马上按建议3.7.2至3.7.3的要求宣报。

局间间歇恢复比赛时宣报：

“……局，比赛开始，0比0。”

11分间歇后则宣报：

“继续比赛，11比……（比分）。”

如是违反规则16.7.1.2或16.7.1.3的行为不端，局间间歇后裁判员应宣报：

“……局，0比0。”

随后宣报：

“……（运动员姓名），违例。”

必要时加报：“换发球。”

接着宣报：“比赛开始”和比分。

11分间歇后裁判员应宣报：

“……（运动员姓名），违例。”

必要时加报：“换发球。”

接着宣报：“继续比赛”和比分。

如是运动员被裁判长取消比赛资格，则随后宣报：

“……（运动员姓名），行为不端，取消比赛资格。”

然后，按建议3.3.8宣报。

3.7.6 赛前或赛后在比赛场地出现的行为不端应按“建议”3.7.2至3.7.4规定处理。记录任何此类不端行为以及采取的措施并报告裁判长，但不影响该场比赛的比分。

## 4 裁判员工作的基本要求

4.1 通晓《羽毛球竞赛规则》。

4.2 宣报要迅速而有权威，如有错误应承认，并道歉更正。

4.3 所有的宣判和报分，都必需响亮、清晰，使运动员和观众都能听清。

4.4 对是否发生违例有怀疑时，不应宣判“违例”，应让比赛继续进行。

4.5 绝不可询问观众或受他们评论的影响。

4.6 加强与其他临场裁判人员的配合。例如，慎重地接受司线员的裁决，与他们建立良好的工作关系。

4.7 穿着得体的制服，包括在未提供裁判制服时，遵守“裁判员服装规定”（“规程”24）。

## 5 对发球裁判员的要求

5.1 发球裁判员应坐在网柱旁的矮椅上，最好是在裁判员的对面。

5.2 发球裁判员负责宣判发球员的发球是否合法（“规则”9.1.2 至9.1.9）。如不合法，则大声宣报“违例”，并用规定的手势表明违例的类型。

5.3 规定的手势（图1－9～图1－15）。

5.4 裁判员可给发球裁判员安排额外的任务，但要事先通知运动员。

## 规则 9.1.8

发球时（“规则”9.2，9.3），发球员的球拍未连续向前挥动（图 1－9）。

图 1－9

## 规则 9.1.3 和 9.1.4

从发球开始至发球结束前（“规则”9.2，9.3），发球员和接发球员未站在斜对角各自的发球区内，或他们的脚触及该发球区的界线，或一脚或双脚没有与发球区地面接触或者移动（图 1－10）。

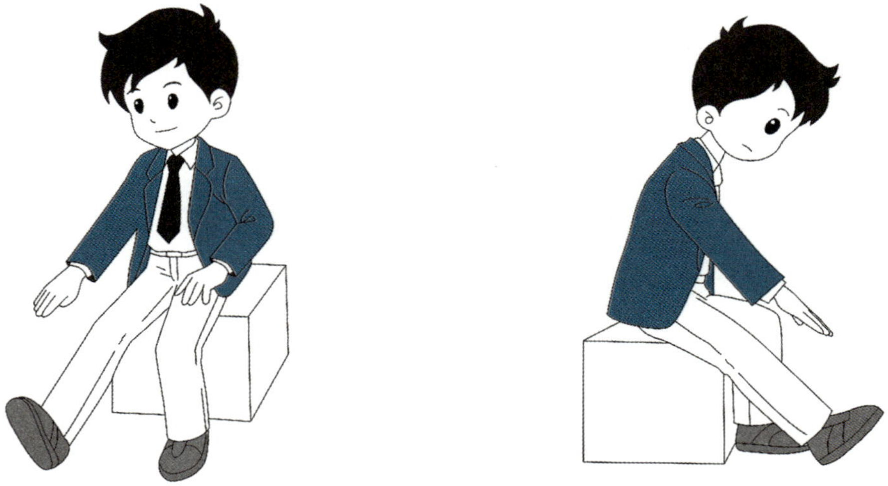

图 1－10

## 规则 9.1.5

发球时，发球员球拍的最初击球点不在球托上（图 1－11）。

图 1－11

## 规则 9.1.6

发球员球拍击中球的瞬间，球的整体未低于发球员的腰部（图 1－12）。

图 1－12

### 规则 9.1.7

发球员球拍击中球的瞬间，发球员的拍杆和拍头未指向下方（图 1 - 13）。

图 1 - 13

## 6 对司线员的要求

6.1 司线员应坐在他所负责的线的延长线上，最好面向裁判员（图 1 - 17、图 1 - 18）。

6.2 司线员对所负责的线负全责。以下情况除外：裁判员判定司线员有明显错判，纠正司线员的裁决；或有即时回放系统的场地，司线员的宣判或裁判员纠正司线员的宣判受到运动员的挑战时，由裁判长对此作出裁决（“规则”17.5.2，第一章 四）。

6.2.1 如球落在界外，无论多远均应立即大声、清晰地宣报“界外”，使运动员和观众都能听清，同时两臂侧平展，使裁判员能看得清。

6.2.2 如球落在界内，不宣报，只用右手指向界线。

6.3 如未能看清，应立即举起双手盖住眼睛，向裁判员示意。

6.4 在球触地前，不得宣报或做手势。

6.5 只负责宣判球的落点，不要预期裁判员的裁决。例如球触及运动员等等。

6.6 标准手势如下：

## 界 外

如球落在界外，无论多远均应立即大声、清晰地宣报“界外”，使运动员和观众都能听清，同时两臂侧平展，使裁判员能看得清（图 1－14）。

图 1－14

图 1－15

## 界 内

如球落在界内，不宣报，只用右手指向界线（图 1－15）。

## 未能看清

如未能看清，应立即举起双手盖住眼睛，向裁判员示意（图 1－16）。

图 1－16

## 司线员的位置

在实际安排时，建议司线员的位置，应距离场地界线 2. 5 至 3. 5 米；在安排他们的位置时，要注意保护他们不受场外干扰，如摄影记者的影响等。

司线员位置示意如下，X 为司线员的位置（图 1－17、图 1－18）。

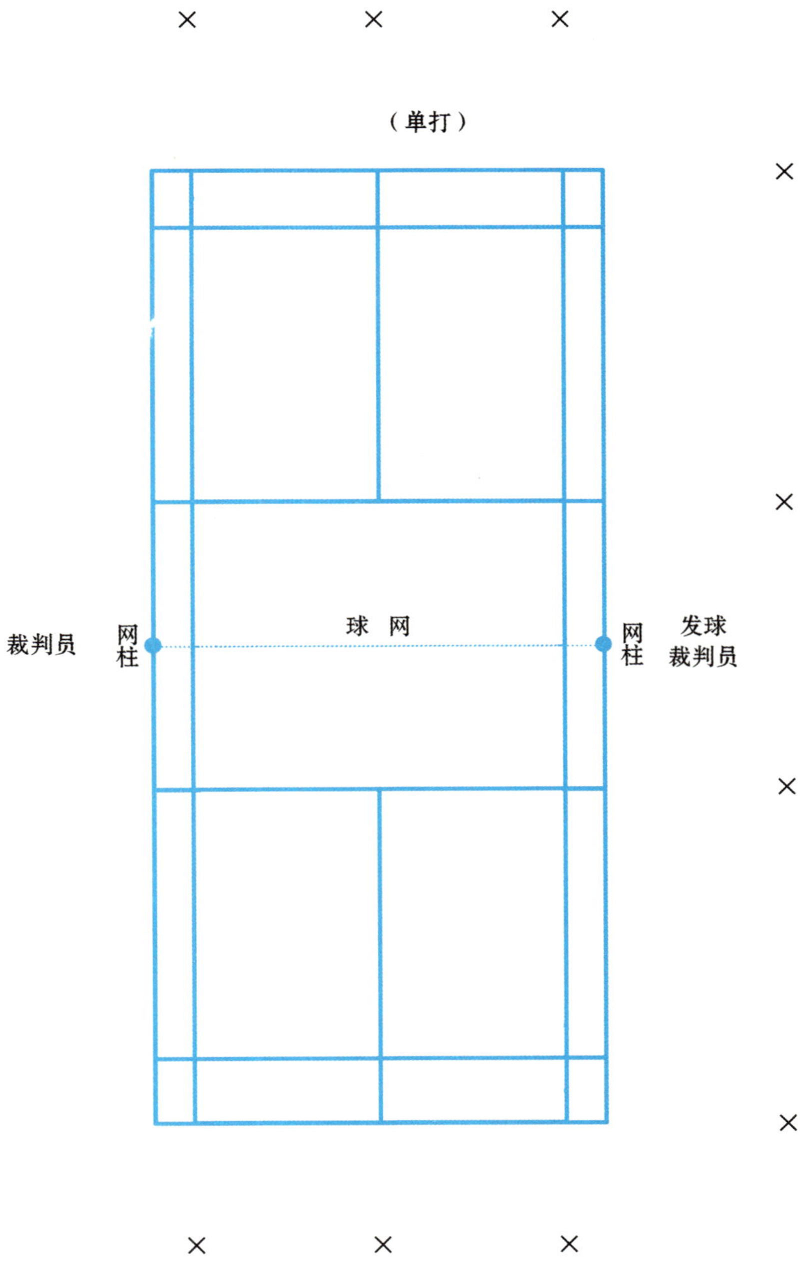


图 1－17 （单打）

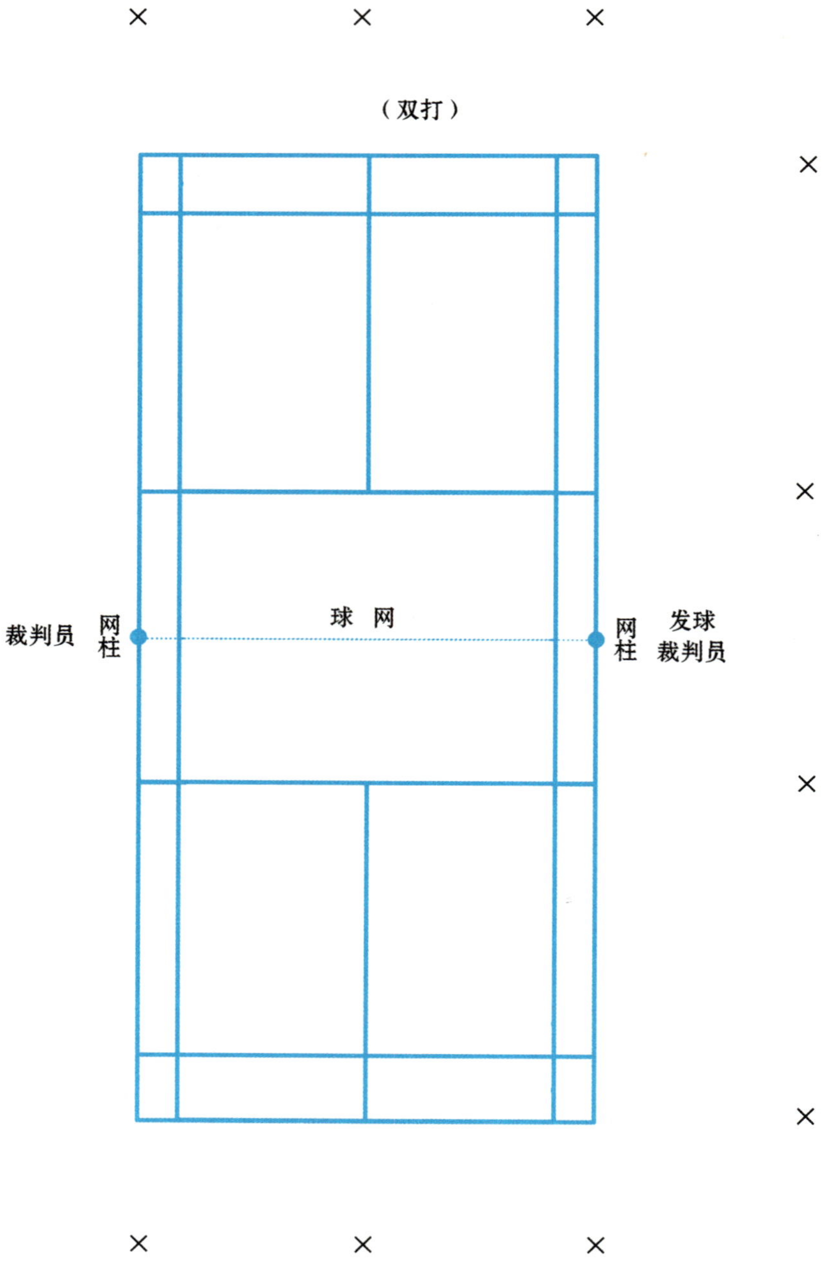


图 1－18 （双打）

## 7 双打发球站位图解

双打比赛中，A 和 B 对阵 C 和 D，A 和 B 挑边获胜选择发球，A 发球，C 接发球。A 为首先发球员，C 为首先接发球员。

| 过程及解释 | 比分 | | 发球区 | 发球员和接发球员 | 赢球方 |
|---|---|---|---|---|---|
| | 0 : 0 | 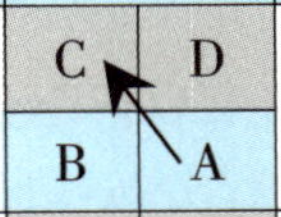 | 从右发球区发球（因发球方的分数为双数） | A 发球，C 接发球（A 和 C 为首先发球员和首先接发球员） | A 和 B |
| A 和 B 得 1 分。A 和 B 交换发球区。A 从左发球区再次发球。C 和 D 在原发球区接发球。 | 1 : 0 | 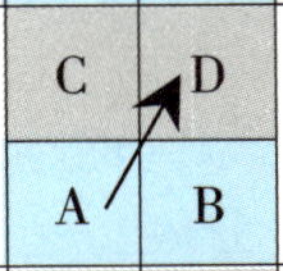 | 从左发球区发球（因发球方的分数为单数） | A 发球，D 接发球。 | C 和 D |
| C 和 D 得 1 分，并获得发球权。两人均不改变各自原发球区。 | 1 : 1 | 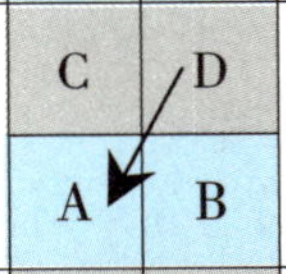 | 从左发球区发球（因发球方的分数为单数） | D 发球，A 接发球。 | A 和 B |
| A 和 B 得 1 分，并获得发球权。两人均不改变各自原发球区。 | 2 : 1 | 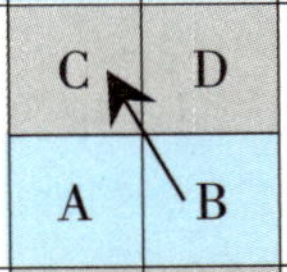 | 从右发球区发球（因发球方的分数为双数） | B 发球，C 接发球。 | C 和 D |
| C 和 D 得 1 分，并获得发球权。两人均不改变各自原发球区。 | 2 : 2 | 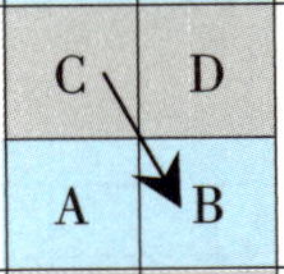 | 从右发球区发球（因发球方的分数为双数） | C 发球，B 接发球。 | C 和 D |
| C 和 D 得 1 分。C 和 D 交换发球区。C 从左发球区发球。A 和 B 不改变其各自原发球区。 | 3 : 2 | 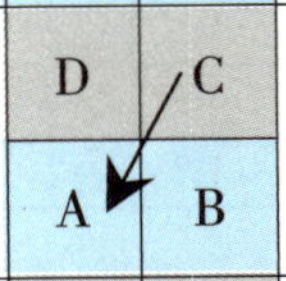 | 从左发球区发球（因发球方的分数为单数） | C 发球，A 接发球。 | A 和 B |
| A 和 B 得 1 分，并获得发球权。两人均不改变各自原发球区。 | 3 : 3 | 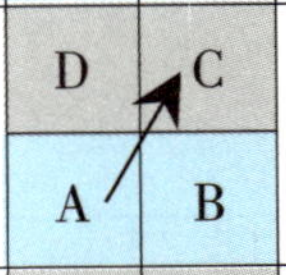 | 从左发球区发球（因发球方的分数为单数） | A 发球，C 接发球。 | A 和 B |
| A 和 B 得 1 分。A 和 B 交换发球区。A 从左发球区再次发球。C 和 D 不改变其各自原发球区。 | 4 : 3 | 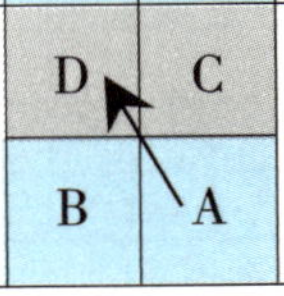 | 从右发球区发球（因发球方的分数为双数） | A 发球，D 接发球。 | C 和 D |

以上的意思为：

- 与单打时一样，发球员的发球区以发球方分数的单数或双数来决定。
- 运动员只有在本方发球得分时才交换发球区。除此之外，运动员继续站在上一回合的原发球区不变，以此保证运动员间发球的交替。

## 8　记分表使用方法

8.1　裁判员记分表采用在每一回合结束后记下分数，并将双方分数错开（0比0时除外）的展开式记分方法。（即每局比分按实际得分情况一直往下记录，一排双行小格不够记完一局比分，则用两排直至该局比分完整记录为止。下一局比赛的比分另起一排开始，以同样方式记录）。比分分别记录在一排双行小格内（比赛双方各一行），一对垂直小格只记录一个分数。每一对垂直小格代表一个回合。该方法有助于判定哪一方胜该回合，并持有发球权（因为，除该局的开始外，发球方的分数总是在前，即总在最靠右的格子里）。

如果记满一排双行小格还不够记完一局比分，则在第二排双行小格继续记分。

比分必须以清楚准确的数字记录。注意：记分表是帮助裁判员在其未记清场上确切情况而出现“慌乱”时的辅助工具，因此记分表必须尽可能清晰以减少出错。同时也是在出现申诉时帮助裁判长做出决定的辅助手段。

### 单　打

| | | | | | | | | | | | | | | | | | | | |
|---|---|---|---|---|---|---|---|---|---|---|---|---|---|---|---|---|---|---|---|
| 甲 | S | 0 | 1 | | | | 2 | 3 | 4 | | | | 5 | 6 | | | 7 | 8 | 9 |
| | | | | | | | | | | | | | | | | | | | |
| 乙 | | 0 | | 1 | 2 | 3 | | | | 4 | 5 | 6 | | | 7 | 8 | | | |
| | | | | | | | | | | | | | | | | | | | |

### 双　打

| | | | | | | | | | | | | | | | | | | | | |
|---|---|---|---|---|---|---|---|---|---|---|---|---|---|---|---|---|---|---|---|---|
| 甲方1 | | | | | | | 2 | 3 | 4 | | | | | | | | 7 | 8 | | |
| 甲方2 | S | 0 | 1 | | | | | | | | | | 5 | 6 | | | | | | 9 |
| 乙方1 | | | | 1 | 2 | 3 | | | | | | | | | 7 | 8 | | | | |
| 乙方2 | R | 0 | | | | | | | | 4 | 5 | 6 | | | | | | | 9 | |

（先记分，然后抬头报分以突出你的声音。）

8.2 羽毛球裁判员记分表使用说明。

赛前细目：一拿到记分表，在进入场地前须完成记分表细目的填写（若非电脑完成）。

### 8.2.1 预备阶段

8.2.1.1 “S”（发），“R”（接）——发球员和接发球员。挑边时，当双方做出各自的选择后填写。单打时，只标明发球员即可。

8.2.1.2 “L”（左），“R”（右）——在裁判椅的左边和右边开局的运动员。挑边时，当双方做出各自的场区选择后填写。

8.2.1.3 “0”——比赛开始前，在首先发球员和首先接发球员处记下。

8.2.1.4 开始时间——记下当裁判员宣报“比赛开始”时的时间。

8.2.1.5 用球记录——从比赛开始的首个用球起，以及后续的每次换球，都要予以记录。

### 8.2.2 比赛进行中

8.2.2.1 将新分数写在赢得该回合的运动员所在的那一排靠右的下一个小格。

8.2.2.2 双打时，接发球方的运动员只有在本方发球并赢得1分时才互相交换发球区。因此，当一方失去发球权时，当次发球的运动员应继续站在其上一回合发球的同一发球区，直至本方再次赢得发球权并赢得1分。例：表1-1——当比分为4比0时，甲方2从右发球区发球，他将一直在右发球区直至其所在方赢得发球权，并在比分为6比7时，甲方2变换位置到左发球区。

8.2.2.3 如果接发球方赢得1分而“换发球”，则在下一小格记下他们的新分数（最后记录的小格总是属于发球一方的）。

8.2.2.4 比分为20比20时——在下一小格内划一斜线。

8.2.2.5 如出现以下所列情形，将相应的字母写在相应一方的下一小格内。

| 情形 | 记录/用字母表示 |
| --- | --- |
| 警告（行为不端） | W |
| 违例（行为不端） | F |
| 召唤裁判长进入场地 | R |
| 比赛暂停 | S |
| 受伤 | I |
| 被裁判长取消比赛资格 | Disqualified |
| 弃权 | Retired |
| 纠正发球区错误 | C |
| 纠正司线员的宣判 | O |

8.2.2.6 在记分表的下端写下上述情形的相应细节。如果位置不够，则写在记分表的背面，并标明“请看记分表背面注释”。

8.2.2.7 如裁判员纠正了司线员的宣判，则用“O”标示。

8.2.2.8 如果在一场比赛中出现纠正发球区错误的情况，用“C”标示。

8.2.2.8.1 记在错误一方的前面。

8.2.2.8.2 记在错误被纠正的分数所对应的一栏小格内。

8.2.2.8.3 如果是发球方错误：记在其分数的上方或下方（依具体情况而定）。

8.2.2.8.4 如果是接发球方错误：记在首行。

**8.2.3 一局比赛结束**

8.2.3.1 记下一局结束的比分，且在双方比分之间划一斜线，并圈起该比分。

8.2.3.2 在记分表的上端填写该局结束的比分。

8.2.3.3 在下一局开始时，在首先发球员和首先接发球员处记下“O”。

8.2.3.4 记下下一局的“S”（发球）和“R”（接发球）。

**8.2.4 比赛结束**

8.2.4.1 记下最后一局结束的比分，并圈起该比分。

8.2.4.2 结束时间——记下比赛结束的时间，指裁判员在最后一局比赛结束定出胜负时宣报“比赛结束”时的时间。

8.2.4.3 在记分表的上端填写最终的比分。

8.2.4.4 在记分表上端将胜方的运动员姓名圈起。

**8.2.5 比赛结束后**

8.2.5.1 比赛用时——计算并记下该场比赛所用时间。

8.2.5.2 在填写完整的记分表上签名。

8.2.5.3 请裁判长审核后在记分表上签名，并交给竞赛管理或编排长。

# 表 1-1

项　目：混合双打

比赛号：530

日　期：2005-12-16

时　间：下午

| 左 | 比分 | 右 |
|---|---|---|
| 甲方 1 | 19:21 | 乙方 1 |
| 甲方 2 | 17:21 | 乙方 2 |
| 国名/队名 | : | 国名/队名 |

场地号：1

裁判员：姓名

发球裁判员：姓名

开始时间：13:45　结束时间：14:25

比赛用时：40（分）

用球数：5

| | | | | | | | | | | | | | | | | | | | | | | | | | | | | | | | | | | | | | | | | | | |
|---|---|---|---|---|---|---|---|---|---|---|---|---|---|---|---|---|---|---|---|---|---|---|---|---|---|---|---|---|---|---|---|---|---|---|---|---|---|---|---|---|---|---|
| 甲方 1 | | | | | | | | | | | | | | 5 | 6 | 7 | | | | | | | | | | | | | | | | | | 16 | 17 | 18 | 19 | | | | | |
| 甲方 2 | S | 0 | 1 | 2 | 3 | 4 | | | | | | | | | | | | | | | | 8 | 9 | 10 | 11 | 12 | 13 | 14 | 15 | | | | | | | | | | | | | |
| 乙方 1 | | | | | | | 1 | 2 | 3 | 4 | 5 | 6 | 7 | | | | | | | | | | | | | | | | | 13 | 14 | 15 | 16 | | | | | | | | | |
| 乙方 2 | R | 0 | | | | | | | | | | | | | | | 8 | 9 | 10 | 11 | 12 | | | | | | | | | | | | | | | | | 17 | 18 | 19 | 20 | 21 |

| | | | | | | | | | | | | | | | | | | | | | | | | | | | | | | | | | | | | | | | | | | |
|---|---|---|---|---|---|---|---|---|---|---|---|---|---|---|---|---|---|---|---|---|---|---|---|---|---|---|---|---|---|---|---|---|---|---|---|---|---|---|---|---|---|---|
| 甲方 1 | | 19 | | | | | | | | | | | | | | | | | | | | | | | | | | | | | | | | | | | | | | | | |
| 甲方 2 | | | | | | | | | | | | | | | | | | | | | | | | | | | | | | | | | | | | | | | | | | |
| 乙方 1 | | | | | | | | | | | | | | | | | | | | | | | | | | | | | | | | | | | | | | | | | | |
| 乙方 2 | | 21 | | | | | | | | | | | | | | | | | | | | | | | | | | | | | | | | | | | | | | | | |

| | | | | | | | | | | | | | | | | | | | | | | | | | | | | | | | | | | | | | | | | | | |
|---|---|---|---|---|---|---|---|---|---|---|---|---|---|---|---|---|---|---|---|---|---|---|---|---|---|---|---|---|---|---|---|---|---|---|---|---|---|---|---|---|---|---|
| 甲方 1 | | | | | | | 1 | 2 | 3 | 4 | 5 | 6 | 7 | 8 | 9 | | | | | | | | | | | | | | | | | | | 16 | 17 | | | | | | | 17 |
| 甲方 2 | R | 0 | | | | | | | | | | | | | | | | | | | | | 10 | 11 | 12 | 13 | 14 | 15 | | | | | | | | | | | | | | |
| 乙方 1 | | | | | | | | | | | | | | | | 5 | 6 | 7 | 8 | 9 | 10 | 11 | | | | | | | | | | | | | | | 17 | 18 | 19 | 20 | 21 | | |
| 乙方 2 | S | 0 | 1 | 2 | 3 | 4 | | | | | | | | | | | | | | | | | | | | | | | 12 | 13 | 14 | 15 | 16 | | | | | | | | | 21 |

| | | | | | | | | | | | | | | | | | | | | | | | | | | | | | | | | | | | | | | | | | | |
|---|---|---|---|---|---|---|---|---|---|---|---|---|---|---|---|---|---|---|---|---|---|---|---|---|---|---|---|---|---|---|---|---|---|---|---|---|---|---|---|---|---|---|
| 甲方 1 | | | | | | | | | | | | | | | | | | | | | | | | | | | | | | | | | | | | | | | | | | |
| 甲方 2 | | | | | | | | | | | | | | | | | | | | | | | | | | | | | | | | | | | | | | | | | | |
| 乙方 1 | | | | | | | | | | | | | | | | | | | | | | | | | | | | | | | | | | | | | | | | | | |
| 乙方 2 | | | | | | | | | | | | | | | | | | | | | | | | | | | | | | | | | | | | | | | | | | |

| | | | | | | | | | | | | | | | | | | | | | | | | | | | | | | | | | | | | | | | | | | |
|---|---|---|---|---|---|---|---|---|---|---|---|---|---|---|---|---|---|---|---|---|---|---|---|---|---|---|---|---|---|---|---|---|---|---|---|---|---|---|---|---|---|---|
| 甲方 1 | | | | | | | | | | | | | | | | | | | | | | | | | | | | | | | | | | | | | | | | | | |
| 甲方 2 | | | | | | | | | | | | | | | | | | | | | | | | | | | | | | | | | | | | | | | | | | |
| 乙方 1 | | | | | | | | | | | | | | | | | | | | | | | | | | | | | | | | | | | | | | | | | | |
| 乙方 2 | | | | | | | | | | | | | | | | | | | | | | | | | | | | | | | | | | | | | | | | | | |

裁判员＿＿＿＿＿＿　　裁判长＿＿＿＿＿＿

## 表 1-2

项　目：女子单打

比赛号：228

日　期：2005-12-16

时　间：下午

| 甲方 | 比分 | 乙方 |
|---|---|---|
| | 20:22 | |
| | 19:21 | |
| 国名/队名 | : | 国名/队名 |
| 左 | | 右 |

场地号：1

裁判员：姓名

发球裁判员：姓名

开始时间：12:10　结束时间：12:43

比赛用时：33（分）

用球数：10

| | | | | | | | | | | | | | | | | | | | | | | | | | | | | | | | | | | | | | | | | | | |
|---|---|---|---|---|---|---|---|---|---|---|---|---|---|---|---|---|---|---|---|---|---|---|---|---|---|---|---|---|---|---|---|---|---|---|---|---|---|---|---|---|---|---|
| 甲方 | | 0 | | | 1 | | | 2 | 3 | 4 | 5 | 6 | 7 | | | 8 | 9 | 10 | | | | | 11 | 12 | 13 | | | | | 14 | 15 | | | 16 | 17 | 18 | 19 | 20 | | | | |
| | | | | | | | | | | | | | | | | | | | | | | | | | O | | | | | | | | | | | | | | | | | |
| 乙方 | S | 0 | 1 | 2 | | 3 | 4 | | | | | | | 5 | 6 | | | | 7 | 8 | 9 | 10 | | | | 11 | 12 | 13 | 14 | | | 15 | 16 | | | | | | 17 | 18 | 19 | 20 |
| | | | | | | | | | | | | | | | | | | | | | | | | | | | | | | | | | | | | | | | | | | |

| | | | | | | | | | | | | | | | | | | | | | | | | | | | | | | | | | | | | | | | | | | |
|---|---|---|---|---|---|---|---|---|---|---|---|---|---|---|---|---|---|---|---|---|---|---|---|---|---|---|---|---|---|---|---|---|---|---|---|---|---|---|---|---|---|---|
| 甲方 | | | | | | 20 | | | | | | | | | | | | | | | | | | | | | | | | | | | | | | | | | | | | |
| | | | | | | | | | | | | | | | | | | | | | | | | | | | | | | | | | | | | | | | | | | |
| 乙方 | | | 21 | 22 | | 22 | | | | | | | | | | | | | | | | | | | | | | | | | | | | | | | | | | | | |
| | | | | | | | | | | | | | | | | | | | | | | | | | | | | | | | | | | | | | | | | | | |

| | | | | | | | | | | | | | | | | | | | | | | | | | | | | | | | | | | | | | | | | | | |
|---|---|---|---|---|---|---|---|---|---|---|---|---|---|---|---|---|---|---|---|---|---|---|---|---|---|---|---|---|---|---|---|---|---|---|---|---|---|---|---|---|---|---|
| 甲方 | | 0 | 1 | 2 | 3 | | | | | | | | | 4 | 5 | | 6 | | 7 | 8 | | 9 | 10 | | 11 | 12 | 13 | 14 | 15 | | | | 16 | 17 | | | 18 | 19 | | | | |
| | | | | | | | | | | | | | | | | | | | | | | | | | | | | | | | | | | | | | | | | | | |
| 乙方 | S | 0 | | | | 1 | 2 | 3 | 4 | 5 | 6 | 7 | 8 | | | 9 | | 10 | | | 11 | | | 12 | | | | | | 13 | 14 | 15 | | | 16 | 17 | | | 18 | 19 | 20 | 21 |
| | | | | | | | | | | | | | | | | | | | | | | | | | | | | | | | | | | | | | | | | | O | |

| | | | | | | | | | | | | | | | | | | | | | | | | | | | | | | | | | | | | | | | | | | |
|---|---|---|---|---|---|---|---|---|---|---|---|---|---|---|---|---|---|---|---|---|---|---|---|---|---|---|---|---|---|---|---|---|---|---|---|---|---|---|---|---|---|---|
| 甲方 | | 19 | | | | | | | | | | | | | | | | | | | | | | | | | | | | | | | | | | | | | | | | |
| | | | | | | | | | | | | | | | | | | | | | | | | | | | | | | | | | | | | | | | | | | |
| 乙方 | | 21 | | | | | | | | | | | | | | | | | | | | | | | | | | | | | | | | | | | | | | | | |
| | | | | | | | | | | | | | | | | | | | | | | | | | | | | | | | | | | | | | | | | | | |

| | | | | | | | | | | | | | | | | | | | | | | | | | | | | | | | | | | | | | | | | | | |
|---|---|---|---|---|---|---|---|---|---|---|---|---|---|---|---|---|---|---|---|---|---|---|---|---|---|---|---|---|---|---|---|---|---|---|---|---|---|---|---|---|---|---|
| 甲方 | | | | | | | | | | | | | | | | | | | | | | | | | | | | | | | | | | | | | | | | | | |
| | | | | | | | | | | | | | | | | | | | | | | | | | | | | | | | | | | | | | | | | | | |
| 乙方 | | | | | | | | | | | | | | | | | | | | | | | | | | | | | | | | | | | | | | | | | | |
| | | | | | | | | | | | | | | | | | | | | | | | | | | | | | | | | | | | | | | | | | | |

裁判员＿＿＿＿＿＿　裁判长＿＿＿＿＿＿

## 表 1–3

项　目：男子双打
比赛号：210
日　期：2005–12–16
时　间：上午

| 左 | 比分 | 右 |
|---|---|---|
| 甲方 1 | 29:30 | 乙方 1 |
| 甲方 2 | 5:10 | 乙方 2 |
| 国名/队名 | :弃权 | 国名/队名 |

场地号：1
裁判员：姓名
发球裁判员：姓名
开始时间：9:40　结束时间：10:12
比赛用时：32（分）
用球数：9

| | | | | | | | | | | | | | | | | | | | | | | | | | | | | | | | | | | | | | | | | | | |
|---|---|---|---|---|---|---|---|---|---|---|---|---|---|---|---|---|---|---|---|---|---|---|---|---|---|---|---|---|---|---|---|---|---|---|---|---|---|---|---|---|---|---|
| 甲方 1 | | | 1 | | | | | | 3 | 4 | | | | 6 | | | C | | | | | | | | 11 | 12 | 13 | 14 | | 15 | | | | | | | | | | | | |
| 甲方 2 | R | 0 | | | 2 | | | | | | | 5 | | | | | | 7 | 8 | 9 | 10 | | | | | | | | | | | | | | | | 16 | 17 | 18 | 19 | | |
| 乙方 1 | | | | 1 | | | | | | 5 | | | | 7 | 8 | 9 | | | | | | | C | | | | | | | 13 | 14 | 15 | 16 | 17 | 18 | | | | | | 0 |
| 乙方 2 | S | 0 | | | | 2 | 3 | 4 | | | | | 6 | | | | | | | | 10 | 11 | 12 | | | | | W | | | | | | | | | | | | 19 | 20 |

| | | | | | | | | | | | | | | | | | | | | | | | | | | | | | | | | | | | | | | | | | | |
|---|---|---|---|---|---|---|---|---|---|---|---|---|---|---|---|---|---|---|---|---|---|---|---|---|---|---|---|---|---|---|---|---|---|---|---|---|---|---|---|---|---|---|
| 甲方 1 | | 20 | | | | | 22 | | | | | 24 | | | | 26 | | | | 28 | | | | | 29 | | | | | | | | | | | | | | | | | |
| 甲方 2 | | | | | 21 | | | | 23 | | | | | 25 | | | | 27 | | | | 29 | | | | | | | | | | | | | | | | | | | | |
| 乙方 1 | | | | 21 | | | | 23 | | | | | 25 | | | | 27 | | | | 29 | | | | | | | | | | | | | | | | | | | | | |
| 乙方 2 | | | | | | 22 | | | | S | 24 | | | | 26 | | | | 28 | | | | 30 | | 30 | | | | | | | | | | | | | | | | | |

| | | | | | | | | | | | | | | | | | | | | | | | | | | | | | | | | | | | | | | | | | | |
|---|---|---|---|---|---|---|---|---|---|---|---|---|---|---|---|---|---|---|---|---|---|---|---|---|---|---|---|---|---|---|---|---|---|---|---|---|---|---|---|---|---|---|
| 甲方 1 | | | | | 1 | 2 | 3 | 4 | 5 | | | | | | | | | | | | | | | 5 | | | | | | | | | | | | | | | | | | |
| 甲方 2 | R | 0 | | | | | | | | | | | | | | | | | | | | | | | | | | | | | | | | | | | | | | | | |
| 乙方 1 | | | | | | | | | | 3 | 4 | 5 | 6 | 7 | 8 | 9 | 10 | I | Retired | | | | | | | 乙方弃权 | | | | | | | | | | | | | | | | |
| 乙方 2 | S | 0 | 1 | 2 | | | | | | | | | | | | 0 | | | | | | | | 10 | | | | | | | | | | | | | | | | | | |

| | | |
|---|---|---|
| 甲方 1 | | |
| 甲方 2 | | |
| 乙方 1 | | |
| 乙方 2 | | |

| | | |
|---|---|---|
| 甲方 1 | | 第一局比赛由于停电中断了 4 分 29 秒。 |
| 甲方 2 | | |
| 乙方 1 | | |
| 乙方 2 | | |

裁判员＿＿＿＿＿＿　裁判长＿＿＿＿＿＿

W——乙方 2 破坏球的速度。
I——乙方 1 扭了踝，比赛暂停 2 分 33 秒。

## 表 1-4

项　目：男子单打
比赛号：228
日　期：2005-12-16
时　间：下午

| 左 | 比分 | 右 |
|---|---|---|
| 甲方 | 21:13 | 乙方 |
| | 4:11 | |
| 国名/队名 | 取消比赛资格: | 国名/队名 |

场地号：1
裁判员：姓名
发球裁判员：姓名
开始时间：13:45　结束时间：14:25
比赛用时：40（分）
用球数：6

||||||||||||||||||||||||||||||||||||||||||||
|---|---|---|---|---|---|---|---|---|---|---|---|---|---|---|---|---|---|---|---|---|---|---|---|---|---|---|---|---|---|---|---|---|---|---|---|---|---|---|---|---|---|---|
|甲方|S|0|1|2|3|||||4|5|6|7|8|9||||10|11||||12||13|14|15|16||||17|18|19||20|21||21|||
||||||||||||||||||||||||||||O||||||||||||||||
|乙方||0||||1|2|3|4|||||||5|6|7|||8|9|10||11|||||12|13|W||||F||||13|||
||||||||||||||||||||||||||||||||||||||||||||

||||||||||||||||||||||||||||||||||||||||||||
|---|---|---|---|---|---|---|---|---|---|---|---|---|---|---|---|---|---|---|---|---|---|---|---|---|---|---|---|---|---|---|---|---|---|---|---|---|---|---|---|---|---|---|
|甲方|S|0|1|2||||||||F|||3||4|||F|取消比赛资格|||||4||甲方行为不端取消比赛资格|||||||||||||||
|||||||||||||R||||||||R|||||||||||||||||||||||
|乙方||0|||1|2|3|4|5|6|7||8|9||F||10|11|||||||11|||||||||||||||||
|||||||||||||||||R|||||||||||||||||||||||||||

||||||||||||||||||||||||||||||||||||||||||||
|---|---|---|---|---|---|---|---|---|---|---|---|---|---|---|---|---|---|---|---|---|---|---|---|---|---|---|---|---|---|---|---|---|---|---|---|---|---|---|---|---|---|---|
|甲方|||||||||||||||||||||||||||||||||||||||||||
||||||||||||||||||||||||||||||||||||||||||||
|乙方|||||||||||||||||||||||||||||||||||||||||||
||||||||||||||||||||||||||||||||||||||||||||

||||||||||||||||||||||||||||||||||||||||||||
|---|---|---|---|---|---|---|---|---|---|---|---|---|---|---|---|---|---|---|---|---|---|---|---|---|---|---|---|---|---|---|---|---|---|---|---|---|---|---|---|---|---|---|
|甲方|||||||||||||||||||||||||||||||||||||||||||
||||||||||||||||||||||||||||||||||||||||||||
|乙方|||||||||||||||||||||||||||||||||||||||||||
||||||||||||||||||||||||||||||||||||||||||||

||||||||||||||||||||||||||||||||||||||||||||
|---|---|---|---|---|---|---|---|---|---|---|---|---|---|---|---|---|---|---|---|---|---|---|---|---|---|---|---|---|---|---|---|---|---|---|---|---|---|---|---|---|---|---|
|甲方||甲方对发球裁判员出言不逊被判违例，裁判长指示注意观察，必要时再判违例。该运动员再犯被再次判违例，再次报裁判长。裁判长决定取消其比赛资格。||||||||||||||||||||||||||||||||||||||||
||||||||||||||||||||||||||||||||||||||||||||
||||||||||||||||||||||||||||||||||||||||||||
|乙方|||||||||||||||||||||||||||||||||||||||||||

乙方干扰司线员被警告并两次被判违例，且报裁判长，裁判长指示继续关注。

裁判员＿＿＿＿＿＿＿　裁判长＿＿＿＿＿＿＿

# 三、技术官员规范用语

裁判员应使用本规范用语控制一场比赛。

This Appendix lists the standard vocabulary that shall be used by the umpire to control a match.

## 1 宣报及介绍
## Announcements and Introductions

1.1 女士们、先生们：

Ladies and Gentlemen:

1.1.1 在我右边……（运动员姓名）……（国名/队名），在我左边……（运动员姓名）……（国名/队名）。

on my right, …（player name）, …（country name）, and on my left, …（player name）, …（country name）; or

1.1.2 在我右边……（双打运动员姓名）……（国名/队名），在我左边……（双打运动员姓名）……（国名/队名）。

on my right, …（player names）, …（country name）, and on my left…（player names）, …（country name）

1.1.3 在我右边……（国名/队名）……（运动员姓名），在我左边……（国名/队名）……（运动员姓名）。

on my right, …（country / team name）, represented by…（player name）, and on my left, …（country/team name）, represented by…（player name）; or

1.1.4 在我右边……（国名/队名）……（双打运动员姓名），在我左边……（国名/队名）……（双打运动员姓名）。

on my right, …（country / team name）, represented by…（player names）, and on my left, …（country / team name）, represented by…（player names）

1.2.1 ……（运动员姓名）发球。

…（player name）to serve; or

1.2.2 ……（国名/队名）发球。

… (country/team name) to serve;

1.3.1 ……(运动员姓名)发球,……(运动员姓名)接发球。

… (player name) to serve to… (player name);

1.3.2 ……(运动员姓名)发球,……(运动员姓名)接发球。

… (player name) to… (player name);

介绍时,可选择下表相应的内容宣报:

To be used in the order shown in the table below, as appropriate:

| 比赛项目<br>Event | 单打<br>Singles | 双打<br>Doubles |
|---|---|---|
| 单项<br>Individual | 1.1.1、1.2.1 | 1.1.2、1.3.1 |
| 团体<br>Team | 1.1.3、1.2.2 | 1.1.4、1.2.2、1.3.2 |

## 2 比赛开始及报分
## Start of match and calling the score

2.1 0比0。

"Love all"

2.2 比赛开始或继续比赛。

"Play"

2.3 换发球。

"Service over"

2.4 间歇。

"Interval"

2.5 ……号场地20秒。

"Court…" (number) "20 seconds"

2.6 局点,……比……,例:局点,20比6或局点,29比28。

"…game point…" e.g. "20 game point 6", or "29 game point 28"

2.7 场点,……比……,例:场点,20比6或场点,29比28。

"…match point…" e.g. "20 match point 8", or "29 match point 28"

2.8 局点,……比……,例:局点,29比29。

"…game point all" e.g. "29 game point all"

2.9 “场点，……比……” 例：“场点，29 比 29”。

“… match point all” e. g. “29 match point all”

2.10 比赛结束。

“Game”

2.11 第一局比赛结束……（运动员姓名，团体赛用国名/队名）胜，……比……。

“First game won by…” （in team championship，use name of country / team）“…” （score）

2.12 第二局。

Second game

2.13 第二局比赛结束……（运动员姓名，团体赛用国名/队名）胜，……比……。

“Second game won by…” （in team championship，use name of country / team）“…” （score）

2.14 局数，1 比 1。

“One game all”

2.15 决胜局。

“Final Game”

## 3 一般用语

3.1 过来挑边。

“Come here for the toss”

3.2 谁发球？

“Who will serve?”

3.3 选择场区。

“Choose your end.”

3.4 谁接发球？

“Who will receive?”

3.5 准备好了吗？

“Are you ready?”

3.6 准备比赛。

“Ready to play”

3.7 把包放好。

"Place your bag properly in the basket"

3.8 从…发球。

"Serve from …"

3.9 在…接发球。

"Receive in …"

3.10 右发球区。

"Right service court"

3.11 左发球区。

"Left service court"

3.12 发球时，你没有击中球。

"You missed the shuttle during service"

3.13 接发球员没有准备好。

"The receiver is not ready"

3.14 你试图接发球了。

"You attempted the return of service"

3.15 你不得干扰司线员。

"You must not influence the line judge"

3.16 你不得干扰发球裁判员。

"You must not influence the service judge"

3.17 到这里来。

"Come here"

3.18 这个球可以吗?

"Is the shuttle OK?"

3.19 试球。

"Test the shuttle"

3.20 换球。

"Change the shuttle"

3.21 不换球。

"Do not change the shuttle"

3.22 重发球。

"Play a let"

3.23 交换场区。

"Change ends"

3.24 你们没有交换场区。

"You did not change ends"

3.25 你的发球区错误。

"You served from the wrong service court"

3.26 你的接发球区错误。

"You received from the wrong service court"

3.27 发球顺序错误。

"You served out of turn"

3.28 接发球顺序错误。

"You received out of turn"

3.29 不得改变球形。

"You must not interfere with the shuttle"

3.30 球从网中穿过。

"The shuttle passed through the net"

3.31 球未从网上越过。

"The shuttle did not pass over the net"

3.32 球触到你。

"The shuttle touched you"

3.33 你触网。

"You touched the net"

3.34 球飞入场区。

"A shuttle came on the court"

3.35 你站错发球区。

"You are standing in the wrong service court"

3.36 你干扰对方。

"You distracted your opponent"

3.37 你的教练员干扰对方。

"Your coach distracted your opponent"

3.38 两次击球。

"You hit the shuttle twice"

3.39 拖带球。
"You slung the shuttle"

3.40 侵入对方场区。
"You invaded your opponent's court"

3.41 妨碍对方。
"You obstructed your opponent"

3.42 你要弃权吗?
"Are you retiring?"

3.43 接发球违例。
"Fault—receiver"

3.44 发球违例。
"Service fault called"

3.45 延误发球，比赛必须连续。
"Service delayed, play must be continuous"

3.46 不得延误比赛。
"You must not delay the game"

3.47 你未经批准离开场地。
"You left the court without permission"

3.48 比赛暂停。
"Play is suspended"

3.49 警告，……（运动员姓名）行为不端。
"…"（name of player）"warning for misconduct"

3.50 违例，……（运动员姓名）行为不端。
"…"（name of player）"fault for misconduct"

3.51 ……（运动员姓名）"行为不端，取消比赛资格"。
"…"（name of player）"disqualified for misconduct"

3.52 违例。
"Fault"

3.53 重发球。
"Let"

3.54 界外。
"Out"

3. 55　司线员，做手势。
“Line judge—signal”

3. 56　发球裁判员，做手势。
“Service judge—signal”

3. 57　纠正，“界内”。
“Correction IN”

3. 58　纠正，“界外”。
“Correction OUT”

3. 59　擦地板。
“Wipe the court”

3. 60　教练员离开场地。
“Coach leave the court”

3. 61　关闭手机。
“Switch off your mobile phone”

## 4　比赛结束
## End of Match

4. 1　比赛结束，……（运动员姓名/队名）胜，……（各局比分）。
“Match won by…”（name of player/team）“…”（scores）

4. 2　……（运动员姓名/队名），弃权。
“…”（name of player/team）“retired”

4. 3　……（运动员姓名/队名），取消比赛资格。
“…”（name of player/team）“disqualified”

## 5 分数

## Scoring 0 – 30

0 – Love
1 – One
2 – Two
3 – Three
4 – Four
5 – Five
6 – Six
7 – Seven
8 – Eight
9 – Nine
10 – Ten
11 – Eleven
12 – Twelve
13 – Thirteen
14 – Fourteen
15 – Fifteen
16 – Sixteen
17 – Seventeen
18 – Eighteen
19 – Nineteen
20 – Twenty
21 – Twenty one
22 – Twenty two
23 – Twenty three
24 – Twenty four
25 – Twenty five
26 – Twenty six
27 – Twenty seven
28 – Twenty eight
29 – Twenty nine
30 – Thirty

# 四、即时回放系统

## 1 即时回放系统

1.1 有即时回放系统的场地，运动员可以对司线员和裁判员以及裁判员纠正司线员的宣判进行挑战。

1.2 若司线员未能看清而裁判员也不能做出裁决时，裁判员也可以要求使用即时回放系统。

## 2 运动员挑战

2.1 挑战必须在球的落点被宣判后立即提出。

2.2 一旦接到运动员的挑战，裁判员应即向指定的技术官员示意，指定的技术官员则应立即启动即时回放系统对该球落点进行裁决。

2.3 如果司线员或裁判员的宣判被判定是错误的，则运动员挑战成功，司线员或裁判员的裁决被推翻。

## 3 失去挑战权

3.1 在一场比赛的每一局中，每方运动员可以对球落点的宣判进行无数次的挑战，直至挑战失败两次。

3.2 如果对球落点的宣判，在使用即时回放系统后被判定是正确的，则该名（对）运动员挑战失败，失去一次挑战权。

3.3 如果该名（对）运动员挑战失败两次，则其失去在该局比赛的所有挑战权。

3.4 如果该名（对）运动员挑战成功，则保留其挑战权。

3.5 当裁判员要求使用即时回放系统时（1.2 所述），双方运动员均不失去挑战权。

## 五、场地和场地设备的变通

1. 如不设置网柱，必须采用其他办法标出边线通过网下的位置。例如，使用细柱或40毫米宽的条状物固定在边线上，垂直向上到网顶绳索处。

2. 如面积不够画出双打场地，可画一个单打场地（图1－19），端线亦为后发球线，网柱或代表网柱的条状物应放置在边线上。

3. 从场地地面起，球网中央顶部应高1.524米，边线处网高1.55米。

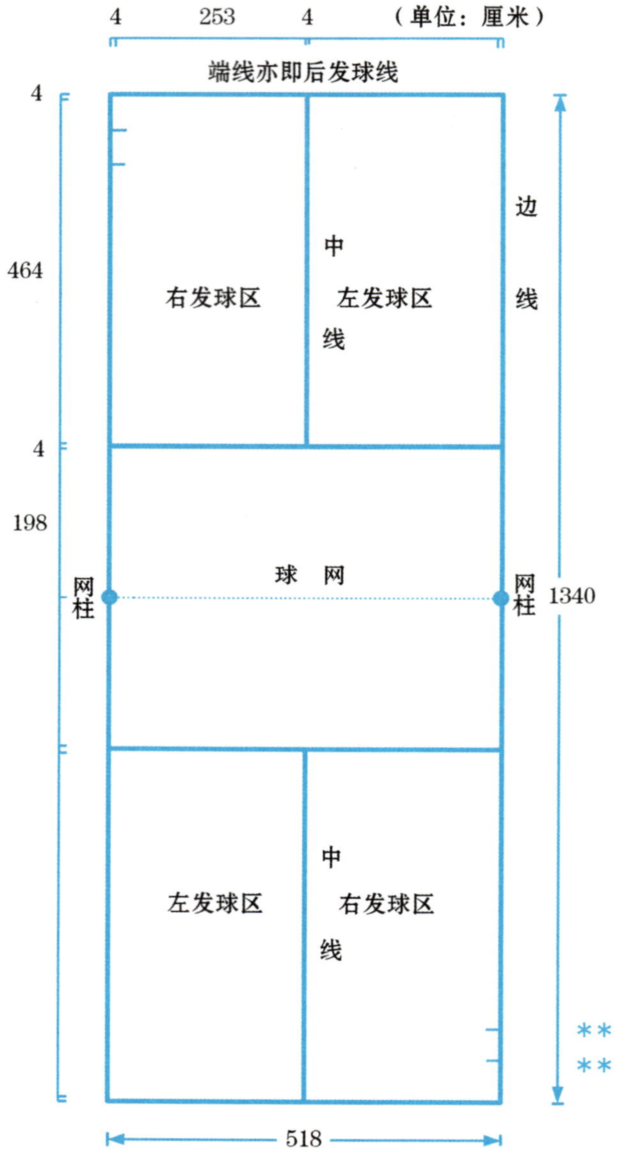


图 1－19

注：只能用于单打比赛的场地，场地对角线长为 14.366 米，正常球速区的标记标在单打边线上。

# 六、残疾人羽毛球比赛分级

（世界羽联 2010 年 5 月理事会通过）

## 世界残疾人羽毛球联合会对伤残程度的分级

本方法是对所有的身体伤残都适用的分级方法。以下所述的最轻伤残程度可能提高，但未经世界残疾人羽毛球联合会年度代表大会同意不得降低。除非在世界残疾人羽毛球联合会手册中正式刊印，任何此类变化都是非正式的。详细情况可向世界残疾人羽毛球联合会了解（参见“会员”部分）。

## 轮椅一级——BMW1 级

第 8 颈椎以上损伤截瘫运动员，并可见握拍手轻微的运动神经功能丧失。但这种运动神经功能的丧失并不显著。运动员可用非握拍手握、推或撑轮椅或大腿以轻微改变躯干姿势，躯干下部保持与座背接触，手臂后移范围因躯干旋转功能丧失而缩小。通常不便有意移动轮椅。

### 脑 瘫

双侧严重瘫痪。

上肢轻度控制受限。

躯干中度平衡失调。

下肢严重痉挛（属肌紧张痉挛 4 级）。

## 轮椅二级——BMW2 级

第 12 胸椎以上受到损伤的截（便）瘫运动员，可用非握拍手握、推或撑轮椅或大腿以轻微改变躯干姿势，躯干下部保持与座背接触，手臂后移范围因躯干旋转功能丧失而缩小。通常不便移动轮椅。

### 脑 瘫

双侧中度瘫痪。

躯干中度平衡失调。

下肢中度痉挛（属肌紧张痉挛 3 级）。

## 轮椅三级——BMW3 级

第 1 腰椎及第 1 腰椎以下损伤的截（偏）瘫运动员。

最低残疾度为为单下肢或双下肢肌力丧失至少 20 个点。

能直坐，双臂及躯干移动正常，但只有用非握拍手臂撑、握或推动轮椅或大腿才能增大躯干移动范围，可有意移动轮椅。当一手开始向前时，躯干不能理想前倾，无非握拍手臂协助不能侧向移动。

### 脑　瘫

双侧轻度瘫痪。

躯干轻度失衡问题。

下肢轻度痉挛。

不能站立比赛。

## 腰以下残疾

## 站立一级（BMSTL1 级）

双腿损伤非常严重（静动平衡差）

1. 双腿患有严重脊髓灰质炎后遗症。
2. 单腿膝以上外加单腿膝以下截肢。
3. 外观可对照的不完全脊髓损伤。
4. 双侧严重瘫痪。
5. 包括握拍手在内的重度偏瘫。

## 站立二级（BMSTL2 级）

运动员站立比赛，但单或双下肢肌力减少至少 20 个点或同等伤残。

### 外观表现为双腿中度损伤

1. 单腿无功能。

2. 单腿患有脊髓灰质炎后遗症。
3. 单腿膝以上截肢。
4. 臀部及同侧单腿膝盖僵直。
5. 臀部因脱位明显萎缩。
6. 双腿中度损伤。
7. 脊髓灰质炎后遗症。
8. 双腿膝以下截肢。
9. 不完全脊髓损伤，脊柱裂为 S1 级。

## 站立三级（BMSTL3 级）

运动员站立比赛，但单或双下肢肌力减少 10 至 19 个点或同等伤残。

### 双腿轻度损伤

单只脚踝僵直。
脚前部经所有跖骨部位截除（脚部最低限度 1/3 截除）。
臀部不完全脱位。
一侧臀部或膝盖或脚踝移动受限。
脊髓灰质炎后遗症：单或双下肢伸展肌力减少至少 10 个点。

## 腰以上残疾

## 站立四级（BMSTU4 级）

### 非握拍手臂重度损伤

最低残疾度：
肌力丧失 50 个点。
或单臂肘以上截肢（肘以上或经肘关节部位截除）。
臂丛损伤造成整只手臂瘫痪。
从肘部始手臂萎缩，该手无功能。
其他同等残疾。
因伸展肌力丧失，移动范围受限或协调性障碍，握拍手臂在最大挥拍动作中表现出速度大幅降低，速度的降低必须是在击球方向。

1. 参与正手或反手击球的一处关节伸展肌力不超过 MRC 量表 4 级标准。
2. 肩外展，肘伸展及前臂手掌向下的移动范围丧失 30～50%。
3. 协调性残疾，如痉挛性单瘫及轻度手足徐动症。
4. 其他同等残疾。

## 站立五级（BMSTU5 级）

最低残疾度：

肌力丧失 30 个点。

或非握拍手重度至中度损伤。

单臂肘以下截肢（肘以下经腕关节或在其上）。

残留部分功能的臂丛损伤。

肢体畸形或等同于单臂肘以下截肢的相似残疾。

### 握拍手臂

握拍手臂轻度损伤：

手指截除/肢体畸形但还有抓握功能。

腕关节僵硬但还有抓握功能。

手或臂部关节功能弱化。

可比较的外观损伤。

### 其他运动性残疾

必须是永久性残疾（稳定或进行性残疾）。

### 脊背和躯干

表现为永久性和/或按 Cobb 方法测定为弯度超过 60 度的脊柱侧凸造成的灵活性严重降低（需经 X 光证实）。

## 矮　人

矮人最低残疾标准的最高身高为：男性 142 厘米，女性 136 厘米。除了身材矮小外，运动员必须还有其他残疾表象。因此，此类残疾不包括垂体性侏儒。

## 在伤残程度较轻的级别中比赛

当运动员选择在伤残程度较轻的级别中比赛时，必须在同一级别完成该次所有的比赛。

注：1. 在每次批准的比赛开始时，必须对患有进行性运动残疾如多发性硬化症的参赛者进行残疾等级分类。

2. 无参赛资格的实例条件：智能严重降低者。无运动性残疾，但心脏、胸部、腹部、皮肤、耳部以及眼部患有疾病者。

# 七、礼让比赛

在礼让比赛中，比赛规则有以下变化：

1. 比赛规则 7 所规定的赢得一局比赛的分数不变。
2. 比赛规则 8. 1. 3 改为：

   “在第三局或只进行一局的比赛中，当一方得分到达局分的一半时（如不是整数，则按四舍五入计）”。

# 八、其他计分方法

## 可按赛前商定只进行：

1 一局为21分的比赛。
2 一场三局两胜的比赛，每局15分。
3 一场五局三胜的比赛，每局11分。

## 在第1种情况下，比赛规则有以下变化：

### 8 交换场区

8.1 在只进行一局的比赛中，运动员在一方分数首先到达11分时交换场区。

## 在第2种情况下，比赛规则有以下变化：

### 7 计分方法

7.1 一场比赛以三局两胜定胜负。
7.2 除了规则7.4和7.5规定的情况除外，先得15分的一方胜一局。
7.3 如果比分为14比14，先连续得2分的一方胜该局。
7.4 如果比分为20比20，先获得第21分的一方胜该局。

### 8 交换场区

8.1.3 在第三局比赛中，一方先得8分时。

### 16 比赛连续性、行为不端及处罚

16.2 **间歇**

16.2.1 每局比赛，当一方先得8分时，允许有不超过60秒的间歇。

在第 3 种情况下，比赛规则有以下变化：

## 7　计分方法

7.1　一场比赛以五局三胜定胜负。

7.2　先得 11 分的一方胜一局。

## 8　交换场区

8.1.2　第二局结束；

8.1.3　第三局结束（如有第四局）；

8.1.4　第四局结束（如有第五局）；

8.1.5　在第五局比赛中，一方先得 6 分时。

## 16　比赛连续性、行为不端及处罚

### 16.2　间歇

16.2.1　只有在第五局的比赛中，当一方先得 6 分时，允许有不超过 60 秒的间歇；

16.2.2　所有比赛中，局与局之间允许有不超过 120 秒的间歇。

# 九、公英制对照表

规则中所有的长度单位均用米或毫米表示，也可用英尺或英寸表示，公制与英制的单位换算如下：

| 毫米 | 英寸 |
|---|---|
| 15 | $\frac{5}{8}$ |
| 20 | $\frac{3}{4}$ |
| 25 | 1 |
| 28 | $1\frac{1}{8}$ |
| 40 | $1\frac{1}{2}$ |
| 58 | $2\frac{1}{4}$ |
| 64 | $2\frac{1}{2}$ |
| 68 | $2\frac{5}{8}$ |
| 70 | $2\frac{3}{4}$ |
| 75 | 3 |
| 220 | $8\frac{5}{8}$ |
| 230 | 9 |
| 280 | 11 |
| 290 | $11\frac{3}{8}$ |

| 毫米 | 英尺 | 英寸 |
|---|---|---|
| 380 | 1 | 3 |
| 420 | 1 | $4\frac{1}{2}$ |
| 490 | 1 | $7\frac{1}{2}$ |
| 530 | 1 | 9 |
| 570 | 1 | $10\frac{1}{2}$ |
| 680 | 2 | $2\frac{3}{4}$ |
| 720 | 2 | $4\frac{1}{2}$ |
| 760 | 2 | 6 |
| 950 | 3 | $1\frac{1}{2}$ |
| 990 | 3 | 3 |
| 米 | 英尺 | 英寸 |
| 1.100 | 3 | $7\frac{1}{4}$ |
| 1.524 | 5 | |
| 1.550 | 5 | 1 |
| 1.980 | 6 | 6 |
| 2.530 | 8 | $3\frac{3}{4}$ |
| 3.880 | 12 | $8\frac{3}{4}$ |
| 4.640 | 15 | 3 |
| 5.180 | 17 | |
| 6.100 | 20 | |
| 1.3400 | 44 | |

# 第二章

# 羽毛球比赛通用规程

# 一、比赛项目

## 1 团体赛

男子团体、女子团体、男女混合团体。

团体比赛常用的两种方式：

### 1.1 三场制

1.1.1 每队 2 至 4 人参加比赛。两名单打、一对双打，共进行三场比赛。

1.1.2 比赛场序为：单、双、单，或单、单、双。

1.1.3 采用三场两胜制，亦可赛完三场后以获胜场数多者为胜队。

### 1.2 五场制

1.2.1 每队 4 至 9 人参加比赛。三名单打、两对双打，混合团体赛为两名单打、三对双打（可由单打运动员兼），共进行五场比赛。

1.2.2 比赛场序为：单、单、双、双、单，单、单、单、双、双或单、双、单、双、单。

1.2.3 混合团体比赛场序为：男单、女单、男双、女双、混双。

1.2.4 裁判长根据运动员兼项情况可调整场序。

1.2.5 采用五场三胜制，亦可赛完五场后以获胜场数多者为胜队。

在一次团体赛中，一名运动员不得在同一项目出场两次。

## 2 单项比赛

男子单打、女子单打、男子双打、女子双打、混合双打。

# 二、比赛方法

一般采用单淘汰赛和单循环赛两种。有时也可以综合这两种比赛方法的优点，采用阶段赛方法，如：第一阶段分组循环赛，第二阶段淘汰赛。

# 1　单循环赛

参加比赛的运动员（对、队）之间轮流比赛一次，为单循环赛。

循环赛由于参加运动员（对、队）之间比赛的机会多，有利于相互学习，共同提高，能更为合理地赛出名次。但循环赛场数多，比赛时间长，使用场地数量也多，因此循环赛的人数（对、队）不宜过多。在人数（对、队）过多时，可采用分组循环赛的办法。采用分组循环赛时，一般以 4 至 6 人（对、队）分为一组比较适宜。

## 1.1　轮数和场数

在循环赛中，每一运动员（对、队）出场比赛一次，称为“一轮”。当人（对、队）数为偶数时，轮数 = 人（对、队）数 − 1；人（对、队）数为奇数时，轮数 = 人（对、队）数。

$$\text{场数} = \frac{\text{人（对、队）数} \times 【\text{人（对、队）数} - 1】}{2}$$

## 1.2　顺序的确定

单循环赛常采用“1 号位固定逆时针轮转法”。如果一组中有同单位的运动员（对、队），应首先进行比赛。逆时针轮转法是 1 号位置固定不动，其他位置每轮逆时针方向轮转一个位置，即可排出下一轮比赛顺序。

例：6 人（对、队）参加比赛的轮转法

| 第一轮 | 第二轮 | 第三轮 | 第四轮 | 第五轮 |
|---|---|---|---|---|
| 1——6 | 1——5 | 1——4 | 1——3 | 1——2 |
| 2——5 | 6——4 | 5——3 | 4——2 | 3——6 |
| 3——4 | 2——3 | 6——2 | 5——6 | 4——5 |

| | | 1 | 2 | 3 | 4 | 5 | 6 | 胜次 | 净胜 | 名次 |
|---|---|---|---|---|---|---|---|---|---|---|
| | | A | B | C | D | E | F | | | |
| 1 | A | | | | | | | | | |
| 2 | B | | | | | | | | | |
| 3 | C | | | | | | | | | |
| 4 | D | | | | | | | | | |
| 5 | E | | | | | | | | | |
| 6 | F | | | | | | | | | |

当人（对、队）数为奇数时，用“0”补成偶数，然后按逆时针轮转排出各轮比赛顺序。其中遇到“0”者为轮空。

例：5 人（对、队）参加比赛的轮转法

| 第一轮 | 第二轮 | 第三轮 | 第四轮 | 第五轮 |
|---|---|---|---|---|
| 1——0 | 1——5 | 1——4 | 1——3 | 1——2 |
| 2——5 | 0——4 | 5——3 | 4——2 | 3——0 |
| 3——4 | 2——3 | 0——2 | 5——0 | 4——5 |

注：世界羽联循环比赛顺序确定方法如下。

| 3人（对、队）组 | 4人（对、队）组 | 5人（对、队）组 | 6人（对、队）组 |
|---|---|---|---|
| 1 v 3 | 1 v 4 | 1 v 5 | 1 v 6 |
| | 2 v 3 | 2 v 4 | 2 v 4 |
| 2 v 3 | | | 3 v 5 |
| | 1 v 3 | 3 v 5 | |
| 1 v 2 | 2 v 4 | 1 v 4 | 1 v 4 |
| | | | 2 v 5 |
| | 3 v 4 | 2 v 5 | 3 v 6 |
| | 1 v 2 | 1 v 3 | |
| | | | 1 v 3 |
| | | 4 v 5 | 2 v 6 |
| | | 2 v 3 | 4 v 5 |
| | | | |
| | | 3 v 4 | 1 v 5 |
| | | 1 v 2 | 2 v 3 |
| | | | 4 v 6 |
| | | | |
| | | | 5 v 6 |
| | | | 3 v 4 |
| | | | 1 v 2 |

## 1.3 决定名次的方法

循环赛名次按 1.3.1 至 1.3.9 规定确定。

### 单项赛

1.3.1 按获胜场数定名次。

1.3.2 两名（对）运动员获胜场数相等，则两者间比赛的胜者名次列前。

1.3.3 三名（对）或三名（对）以上运动员获胜场数相等，则按在该组比赛的净胜局数定名次。

1.3.4 计算净胜局数后，如还剩两名（对）运动员净胜局数相等，则两者间比赛的胜者名次列前。

1.3.5 计算净胜局数后，还剩三名（对）或三名（对）以上运动员净胜局数相等，则按在该组比赛的净胜分数定名次。

1.3.6 三名（对）或三名（对）以上运动员获胜场数相同，净胜局数亦相同，则按在该组比赛的净胜分数定名次。

1.3.7 计算净胜分数后，如还剩两名（对）运动员净胜分数相等，则两者间比赛的胜者名次列前。

1.3.8 如还有三名（对）或三名（对）以上运动员净胜分数相等，则以抽签定名次。

### 团体赛

1.3.9 团体赛按以上办法，依胜次、净胜场数、净胜局数、净胜分数顺序计算成绩，乃至抽签定名次。

注：世界羽联批准的比赛，增加以下两条规定：

1. 如果因伤病、被取消比赛资格或其它不可避免的原因使运动员（对）无法完成全部场次的比赛，确定名次时，其所有成绩不予计算。比赛进行中的弃权视为没有参加完全部循环赛。

2. 如果运动员因伤退出比赛，按退出前的实际成绩给予相关奖励。

## 1.4 分组循环赛与种子的分布

在参加人（对、队）数较多的情况下，为了不过多增加比赛的场数和延长比赛的日期，又能排定各队的名次，常采用分组循环赛的办法。组数确定后，可用抽签的方法进行分组，也可采用“蛇形排列方法”进行分组。如以团体赛16个队分成四组为例，则按下表分组：

第一组　1、8、9、16

第二组　2、7、10、15

第三组　3、6、11、14

第四组　4、5、12、13

上表中的数字是各队的顺序号，它是按照各队实力强弱排列的。也就是说，数字越小，实力越强。

用抽签方法进行分组时，如仍以上述 16 个队为例，则须先确定 4 个或 8 个种子。把种子顺序排列出来，然后按上述“蛇形排列方法”或“抽签方法”进行分组。最后非种子队用抽签方法抽进各组。

## 2 单淘汰赛

单淘汰赛由于比赛一轮淘汰 1/2 的运动员（对、队），可使比赛的场数相对减少，所以在时间短、场地少的情况下，采用单淘汰赛能接受较多的运动员（对、队）参加比赛，并可使比赛逐步走向高潮，一轮比一轮紧张激烈。按体育竞赛的特点来说，淘汰赛是一种比较好的比赛方法。但由于负一场就被淘汰，所以大部分运动员或队（特别是实力比较弱的）参加比赛的机会较少，所产生的名次也不尽合理。

### 2.1 轮数和场数

单淘汰赛的轮数等于或大于最接近运动员人（对、队）数的 2 的乘方数的指数，是 2 的几次方即为几轮。

场数 = 人（对、队）数 - 1 + 附加赛场数

### 2.2 轮空位置的分布

当参加比赛的人（对、队）数为 4、8、16、32、64、128 或较大的 2 的乘方数时，他们应按比赛顺序成双相遇进行比赛。如下图所示：

当参加比赛的人（对、队）数不是 2 的乘方数时，第一轮应有轮空。轮空数等于下一个较大的 2 的乘方数减去比赛的人（对、队）数的差。轮空数为双数时，应平均分布在淘汰表的不同的 1/2 区，1/4 区，1/8 区，1/16 区（种子位置和轮空位置见汇总表）。如轮空位置为单数，则上半区比下半区多一个轮空。

例：9 个单位参加比赛，轮空数为 16 - 9 = 7；3 个轮空在下半区，4 个轮空在上半区。这样，第一轮只有一场比赛。

5 人（对、队）比赛，2 个轮空在上半区，1 个轮空在下半区。

6 人（对、队）比赛，1 个轮空在上半区，1 个轮空在下半区。

7 人（对、队）比赛，1 个轮空在上半区。

8 人（对、队）比赛，没有轮空。

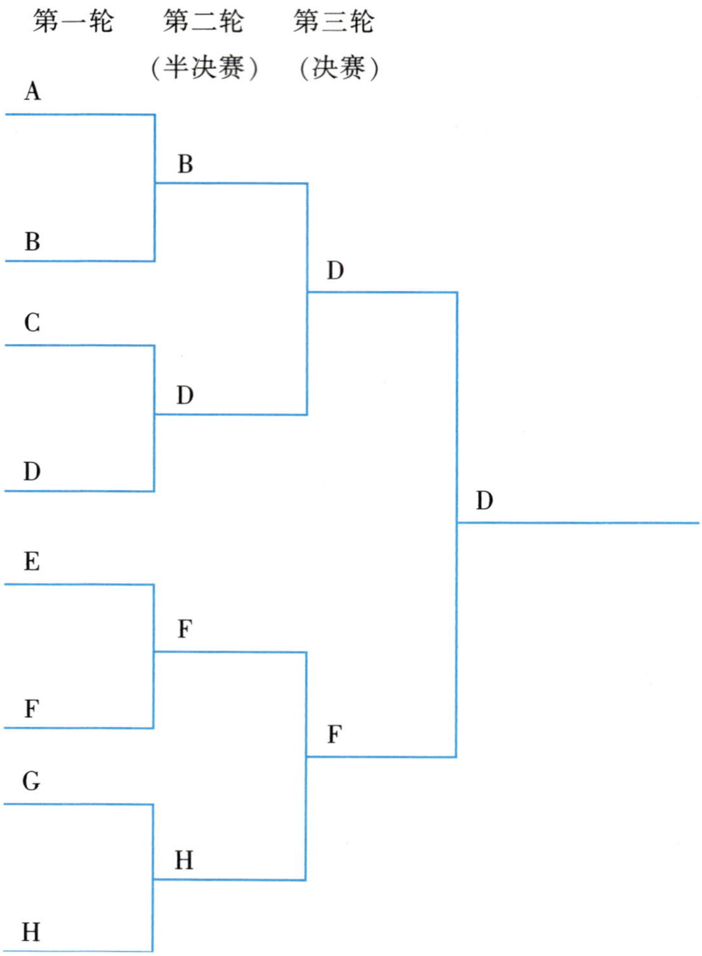


9 人（对、队）比赛，4 个轮空在上半区，3 个轮空在下半区。

10 人（对、队）比赛，3 个轮空在上半区，3 个轮空在下半区。

11 人（对、队）比赛，3 个轮空在上半区，2 个轮空在下半区。

12 人（对、队）比赛，2 个轮空在上半区，2 个轮空在下半区。

13 人（对、队）比赛，2 个轮空在上半区，1 个轮空在下半区。

14 人（对、队）比赛，1 个轮空在上半区，1 个轮空在下半区。

15 人（对、队）比赛，1 个轮空在上半区。更多的人（对、队）数，以此类推。

## 2.3 抽签办法

2.3.1 种子数

64 或多于 64 个（对、队）以上选手参赛，最多设 16 个种子。

32 至 63 个（对、队）选手参赛，最多设 8 个种子。

16 至 31 个（对、队）选手参赛，最多设 4 个种子。

少于 16 个（对、队）选手参赛，设 2 个种子。

2.3.2 种子的抽签

2.3.2.1 种子的位置如图 2－1 至图 2－4 淘汰表所示，上半区的在各区（如各 1/8 区或 1/16 区）的顶部，下半区的在各区的底部。

2.3.2.2 排名前 2 的两个种子应按如下规定进位。

2.3.2.2.1 1 号种子进入淘汰表的顶部。

2.3.2.2.2 2 号种子进入淘汰表的底部。

2.3.2.2.3 3 号和 4 号种子抽签分别进入余下的两个 1/4 区。

2.3.2.3.4 5 号至 8 号种子抽签分别进入余下的 1/8 区。

2.3.2.3.5 9 号至 16 号种子抽签分别进入余下的 1/16 区。

2.3.2.3.6 同队种子的抽签同时必须符合 2.3.3 要求。

轮空和种子位置见汇总表。

2.3.3 同队运动员的抽签

同属一个队的运动员，应按均匀分布的原则，用以下办法依次抽进 1/2、1/4、1/8……区：

2.3.3.1 第一、二号选手，分别进入不同的 1/2 区。

2.3.3.2 第三、四号选手，分别进入余下的 1/4 区。

2.3.3.3 第五至第八号选手，分别进入余下的 1/8 区。

2.3.3.4 同一队第九号以后的选手进入余下的任意 1/16 区。

注：对 2.3.3 世界羽联批准的比赛规定如下：

1. 同一会员协会的第一、二号选手，分别进入不同的 1/2 区。
2. 如可能，一个会员协会的选手不应在第一轮相遇。

2.3.4 应根据种子顺序调整协会报名的技术顺序，并根据调整后的技术顺序进行抽签。任何级别的比赛都要遵照这些规定执行。以 17

人（对、队）参加比赛为例：

比赛中第一轮上半区轮空位置为 2、4、6、8、10、12、14、16 号，下半区轮空位置应为 19、21、23、25、27、29、31 号。第一、二号种子分别定位在 1 号、32 号位，第三、四号种子用抽签分别进入 9 号和 24 号位。

以 33 人（对、队）参加比赛为例：第一、二号种子分别定位在 1 号、64 号位。第三、四号种子用抽签分别进入 17 号和 48 号位。第五、六、七、八号种子用抽签分别进入 9 号、25 号、40 号、56 号位。

## 2.4 附加赛

单淘汰赛只能产生第一、二名，如果比赛需要排出第一、二名以后的若干名次，需要另外再增加几场比赛，增加的这几场比赛称为附加赛。附加赛的比赛如下图中的“虚线”部分所示。

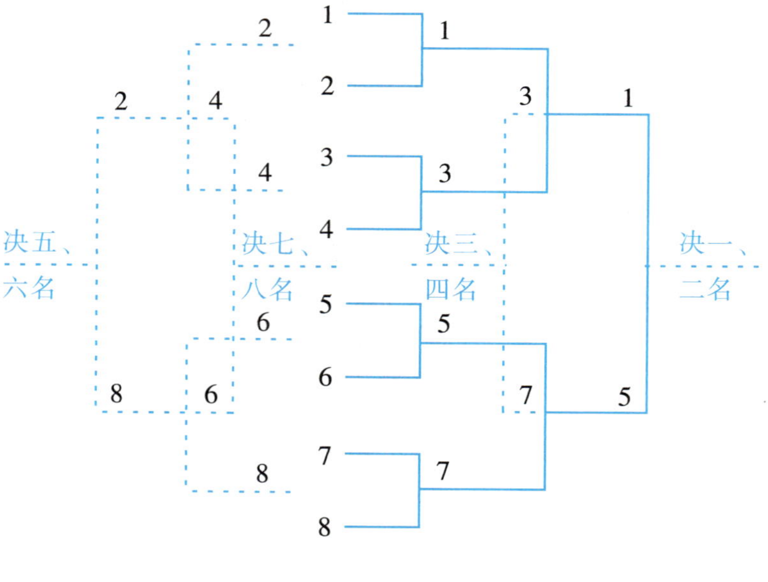


## 2.5 预　赛

遇一个单项的参赛运动员超过正赛规定人（对、队）数时，建议竞赛组织者在竞赛委员会或裁判长监督下进行预赛。

2.5.1 未直接参加正赛的运动员，将参加竞赛组织者安排的旨在进入正赛规定位置的预赛。

2.5.2 建议在正式比赛的抽签位置中，每8个位置最多只能安排一个预赛出线的运动员。

2.5.3 在正赛中为预赛出线选手预留的位置应抽签确定，正赛抽签应于预赛开始前进行并公布。

2.5.4 排名及技术水平作为直接进入正赛的依据。

2.5.5 在依据排名和调整排名以及参数排名，将参赛运动员抽签进入正赛淘汰表后，淘汰表仍有空位，需由无排名或调整排名和参数排名的运动员递补时，则按以下步骤进行填补：先抽单位，然后取该单位排名最高的运动员填补。

2.5.6 预赛也应进行种子确定和抽签。

2.5.7 有预赛的比赛，应事先排出递补正赛运动员的顺序。凡正式比赛中有运动员不能参加比赛时，即可依次递补。

2.5.8 预赛开始前如正赛中出现一个空位，应从参加预赛且排名列前的选手（对、队）递补进入这一位置。如果有一个以上空位则将递补选手抽签进位。

2.5.9 预赛开始后如有运动员（对、队）从正赛退出，可挑选在预赛中未输过的选手递补。必要时可停止一场正在进行的比赛。

2.5.10 抽签开始前提出的退赛应在准备抽签时予以考虑，并因此修改正赛和预赛抽签名单以及所有的递补名单。

2.5.11 从抽签直至领队会议前期间所提出的退赛应在领队会上根据2.5.8的规定处理。竞赛组织者应通知下一获得进入正赛或预赛抽签资格的运动员。

2.5.12 领队会后提出的退赛，由裁判长在退赛出现时处理（2.5.10所述）。

2.5.13 当空位按2.5.8的规定递补时，可不考虑同队队员分开的规定。

## 附：汇总表（种子数、轮空数和其对应位置分布表/图）

图2－1至图2－4是128人（对、队）参赛淘汰表的各个1/4区的种子和轮空位置分布图；

表2－1至表2－5分别为：

1至16（3至16人、对、队参赛）、

1至32（17至32人、对、队参赛）、

1至64（33至64人、对、队参赛）、

1至128（65至128人、对、队参赛）

淘汰表中的种子数、轮空数和其对应位置分布表以及1至128人（对、队）的淘汰表（65至128人、对、队参赛）时的轮空数和位置号一览表。

图 2-1 1/4 区种子和轮空位置分布图

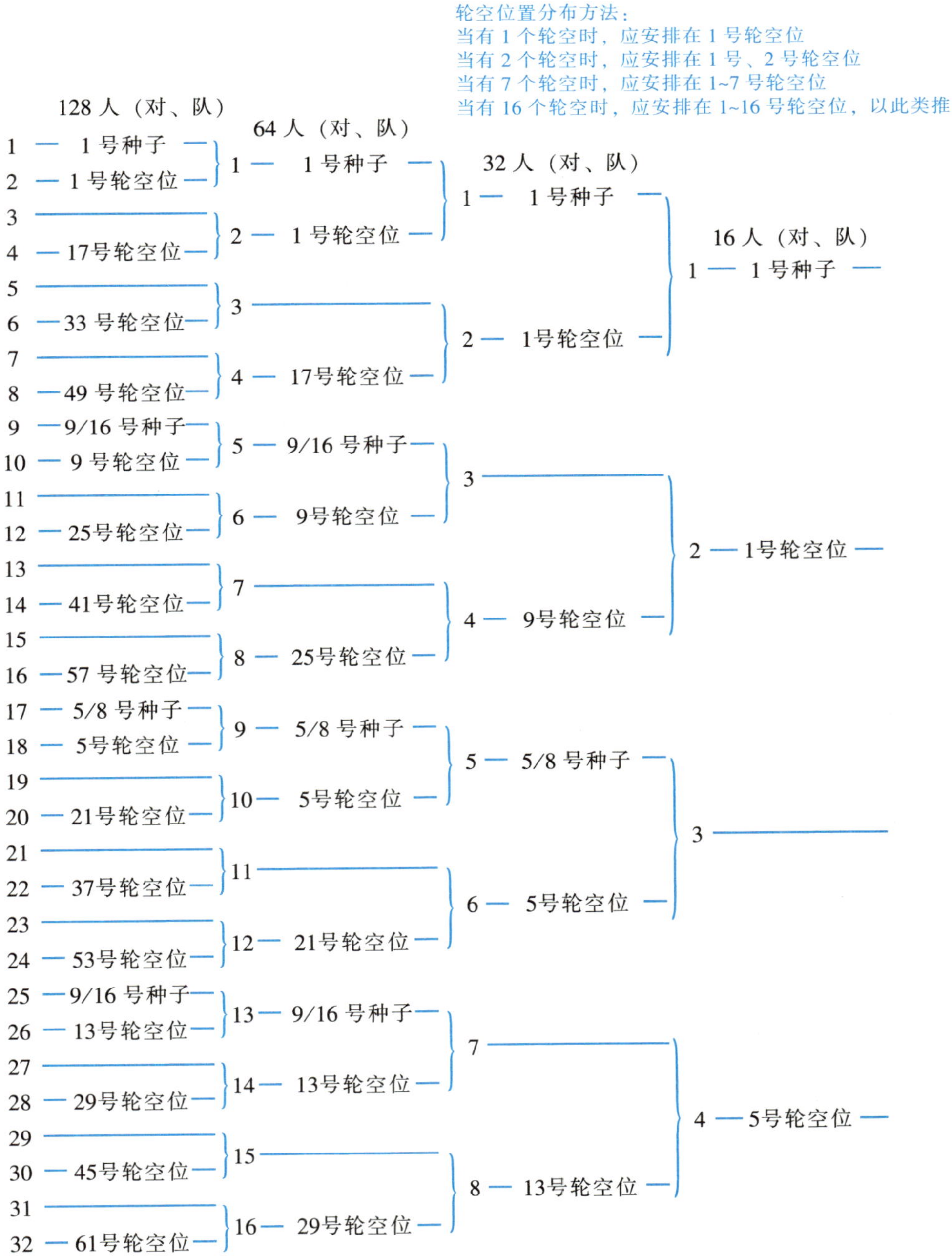

图 2-2 2/4 区种子和轮空位置分布图

| | | | |
|---|---|---|---|
| 33 — 3/4 号种子 | 17 — 3/4 号种子 | 9 — 3/4 号种子 | 5 — 3/4 号种子 |
| 34 — 3 号轮空位 | | | |
| 35 — | 18 — 3号轮空位 | | |
| 36 — 19号轮空位 | | | |
| 37 — | 19 — | 10 — 3号轮空位 | |
| 38 — 35号轮空位 | | | |
| 39 — | 20 — 19号轮空位 | | |
| 40 — 51 号轮空位 | | | |
| 41 — 9/16 号种子 | 21 — 9/16 号种子 | 11 — | 6 — 3号轮空位 |
| 42 — 11号轮空位 | | | |
| 43 — | 22 — 11号轮空位 | | |
| 44 — 27号轮空位 | | | |
| 45 — | 23 — | 12 — 11号轮空位 | |
| 46 — 43号轮空位 | | | |
| 47 — | 24 — 27号轮空位 | | |
| 48 — 59号轮空位 | | | |
| 49 — 5/8 号种子 | 25 — 5/8 号种子 | 13 — 5/8 号种子 | 7 — |
| 50 — 7号轮空位 | | | |
| 51 — | 26 — 7号轮空位 | | |
| 52 — 23号轮空位 | | | |
| 53 — | 27 — | 14 — 7号轮空位 | |
| 54 — 39号轮空位 | | | |
| 55 — | 28 — 23号轮空位 | | |
| 56 — 55号轮空位 | | | |
| 57 — 9/16 号种子 | 29 — 9/16 号种子 | 15 — | 8 — 7号轮空位 |
| 58 — 15号轮空位 | | | |
| 59 — | 30 — 15号轮空位 | | |
| 60 — 31号轮空位 | | | |
| 61 — | 31 — | 16 — 15号轮空位 | |
| 62 — 47号轮空位 | | | |
| 63 — | 32 — 31号轮空位 | | |
| 64 — 63号轮空位 | | | |

图 2-3 3/4 区种子和轮空位置分布图

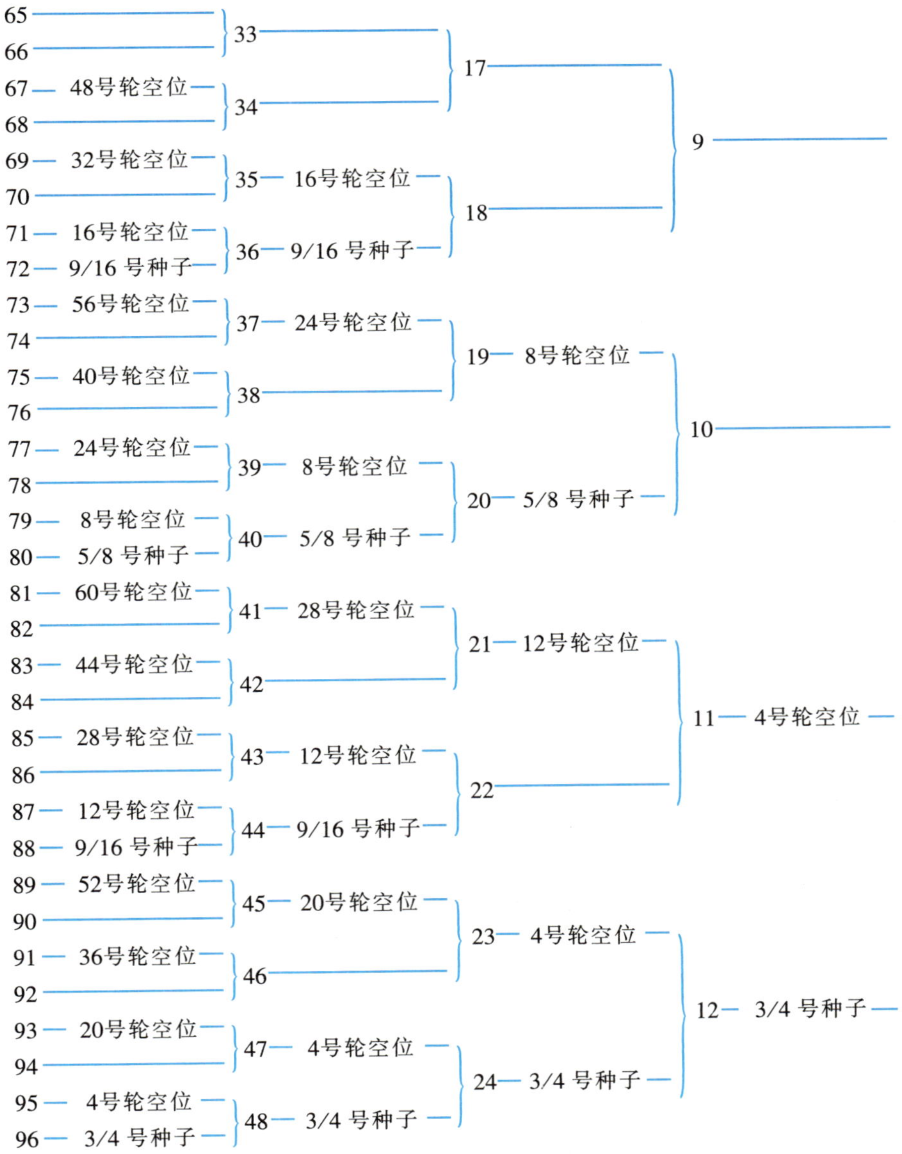

图 2-4 4/4 区种子和轮空位置分布图

| | | | |
|---|---|---|---|
| 97 62 号轮空位 | 49 30号轮空位 | 25 14号轮空位 | 13 6号轮空位 |
| 98 | | | |
| 99 46号轮空位 | 50 | | |
| 100 | | | |
| 101 30号轮空位 | 51 14号轮空位 | 26 | |
| 102 | | | |
| 103 14号轮空位 | 52 9/16 号种子 | | |
| 104 9/16 号种子 | | | |
| 105 54号轮空位 | 53 22号轮空位 | 27 6号轮空位 | 14 |
| 106 | | | |
| 107 38号轮空位 | 54 | | |
| 108 | | | |
| 109 22号轮空位 | 55 6号轮空位 | 28 5/8 号种子 | |
| 110 | | | |
| 111 6号轮空位 | 56 5/8 号种子 | | |
| 112 5/8 号种子 | | | |
| 113 58号轮空位 | 57 26号轮空位 | 29 10号轮空位 | 15 2号轮空位 |
| 114 | | | |
| 115 42号轮空位 | 58 | | |
| 116 | | | |
| 117 26号轮空位 | 59 10号轮空位 | 30 | |
| 118 | | | |
| 119 10号轮空位 | 60 9/16 号种子 | | |
| 120 9/16 号种子 | | | |
| 121 50号轮空位 | 61 18号轮空位 | 31 2号轮空位 | 16 2 号种子 |
| 122 | | | |
| 123 34号轮空位 | 62 | | |
| 124 | | | |
| 125 18号轮空位 | 63 2号轮空位 | 32 2 号种子 | |
| 126 | | | |
| 127 2号轮空位 | 64 2 号种子 | | |
| 128 2 号种子 | | | |

表 2－1　1 至 16 人（对、队）淘汰表

3 至 16 人（对、队）参赛的种子数、轮空数和其对应位置分布表

| 参赛数 | 种子数 | 1 号种子位置 | 2 号种子位置 | 3、4 号种子位置 | 轮空数 | 轮空位置分布 | |
|---|---|---|---|---|---|---|---|
| 3 | 2 | 1 | 4 | | 1 | 2 | |
| 4 | 2 | 1 | 4 | | 0 | | |
| 5 | 2 | 1 | 8 | | 3 | 2,4,7 | |
| 6 | 2 | 1 | 8 | | 2 | 2,7 | |
| 7 | 2 | 1 | 8 | | 1 | 2 | |
| 8 | 2 | 1 | 8 | | 0 | | |
| 9 | 2 | 1 | 16 | – | 7 | 2,4,6,8, | 11,13,15 |
| 10 | 2 | 1 | 16 | – | 6 | 2,4,6, | 11,13,15 |
| 11 | 2 | 1 | 16 | – | 5 | 2,4,6, | 11,　15 |
| 12 | 2 | 1 | 16 | – | 4 | 2,　6, | 11,　15 |
| 13 | 2 | 1 | 16 | – | 3 | 2,　6, | 15 |
| 14 | 2 | 1 | 16 | – | 2 | 2, | 15 |
| 15 | 2 | 1 | 16 | – | 1 | 2 | |
| 16 | 4 | 1 | 16 | 5,12 | 0 | – | |

## 表 2－2　1 至 32 人(对、队)淘汰表

### 17 至 32 人(对、队)参赛的种子数、轮空数和其对应位置分布表

| 参赛数 | 种子数 | 1号种子位置 | 2号种子位置 | 3、4号种子位置 | 5至8号种子位置 | 轮空数 | 轮空位置分布 | |
|---|---|---|---|---|---|---|---|---|
| 17 | 4 | 1 | 32 | 9,24 | – | 15 | 2,4,6,8,10,12,14,16, | 19,21,23,25,27,29,31 |
| 18 | 4 | 1 | 32 | 9,24 | – | 14 | 2,4,6,8,10,12,14, | 19,21,23,25,27,29,31 |
| 19 | 4 | 1 | 32 | 9,24 | – | 13 | 2,4,6,8,10,12,14, | 19,21,23, 27,29,31 |
| 20 | 4 | 1 | 32 | 9,24 | – | 12 | 2,4,6, 10,12,14, | 19,21,23, 27,29,31 |
| 21 | 4 | 1 | 32 | 9,24 | – | 11 | 2,4,6, 10,12,14, | 19, 23, 27,29,31 |
| 22 | 4 | 1 | 32 | 9,24 | – | 10 | 2,4,6, 10, 14, | 19, 23, 27,29,31 |
| 23 | 4 | 1 | 32 | 9,24 | – | 9 | 2,4,6, 10, 14, | 19, 23, 27, 31 |
| 24 | 4 | 1 | 32 | 9,24 | – | 8 | 2, 6, 10, 14, | 19, 23, 27, 31 |
| 25 | 4 | 1 | 32 | 9,24 | – | 7 | 2, 6, 10, 14, | 23, 27, 31 |
| 26 | 4 | 1 | 32 | 9,24 | – | 6 | 2, 6, 10, | 23, 27, 31 |
| 27 | 4 | 1 | 32 | 9,24 | – | 5 | 2, 6, 10, | 23, 31 |
| 28 | 4 | 1 | 32 | 9,24 | – | 4 | 2, 10, | 23, 31 |
| 29 | 4 | 1 | 32 | 9,24 | – | 3 | 2, 10, | 31 |
| 30 | 4 | 1 | 32 | 9,24 | – | 2 | 2, | 31 |
| 31 | 4 | 1 | 32 | 9,24 | – | 1 | 2 | |
| 32 | 8 | 1 | 32 | 9,24 | 5,13,20,28 | 0 | – | |

## 表 2-3　1 至 64 人(对、队)淘汰表

## 33 至 64 人(对、队)参赛的种子数、轮空数和其对应位置分布表

| 参赛数 | 种子数 | 1号种子位置 | 2号种子位置 | 3、4号种子位置 | 5至8号种子位置 | 轮空数 | 轮空位置分布 | | | |
|---|---|---|---|---|---|---|---|---|---|---|
| 33 | 8 | 1 | 64 | 17,48 | 9,25,40,56 | 31 | 2,4,6,8,10,12,14,16, | 18,20,22,24,26,28,30,32, | 35,37,39,41,43,45,47, | 49,51,53,55,57,59,61,63 |
| 34 | 8 | 1 | 64 | 17,48 | 9,25,40,56 | 30 | 2,4,6,8,10,12,14,16, | 18,20,22,24,26,28,30, | 35,37,39,41,43,45,47, | 49,51,53,55,57,59,61,63 |
| 35 | 8 | 1 | 64 | 17,48 | 9,25,40,56 | 29 | 2,4,6,8,10,12,14,16, | 18,20,22,24,26,28,30, | 35,37,39,41,43,45,47, | 51,53,55,57,59,61,63 |
| 36 | 8 | 1 | 64 | 17,48 | 9,25,40,56 | 28 | 2,4,6,8,10,12,14, | 18,20,22,24,26,28,30, | 35,37,39,41,43,45,47, | 51,53,55,57,59,61,63 |
| 37 | 8 | 1 | 64 | 17,48 | 9,25,40,56 | 27 | 2,4,6,8,10,12,14, | 18,20,22,24,26,28,30, | 35,37,39,　43,45,47, | 51,53,55,57,59,61,63 |
| 38 | 8 | 1 | 64 | 17,48 | 9,25,40,56 | 26 | 2,4,6,8,10,12,14, | 18,20,22,　26,28,30, | 35,37,39,　43,45,47, | 51,53,55,57,59,61,63 |
| 39 | 8 | 1 | 64 | 17,48 | 9,25,40,56 | 25 | 2,4,6,8,10,12,14, | 18,20,22,　26,28,30, | 35,37,39,　43,45,47, | 51,53,55,　59,61,63 |
| 40 | 8 | 1 | 64 | 17,48 | 9,25,40,56 | 24 | 2,4,6,　10,12,14, | 18,20,22,　26,28,30, | 35,37,39,　43,45,47, | 51,53,55,　59,61,63 |
| 41 | 8 | 1 | 64 | 17,48 | 9,25,40,56 | 23 | 2,4,6,　10,12,14, | 18,20,22,　26,28,30, | 35,　39,　43,45,47, | 51,53,55,　59,61,63 |
| 42 | 8 | 1 | 64 | 17,48 | 9,25,40,56 | 22 | 2,4,6,　10,12,14, | 18,20,22,　26,　30, | 35,　39,　43,45,47, | 51,53,55,　59,61,63 |
| 43 | 8 | 1 | 64 | 17,48 | 9,25,40,56 | 21 | 2,4,6,　10,12,14, | 18,20,22,　26,　30, | 35,　39,　43,45,47, | 51,　55,　59,61,63 |
| 44 | 8 | 1 | 64 | 17,48 | 9,25,40,56 | 20 | 2,4,6,　10,　14, | 18,20,22,　26,　30, | 35,　39,　43,45,47, | 51,　55,　59,61,63 |
| 45 | 8 | 1 | 64 | 17,48 | 9,25,40,56 | 19 | 2,4,6,　10,　14, | 18,20,22,　26,　30, | 35,　39,　43,　47, | 51,　55,　59,61,63 |
| 46 | 8 | 1 | 64 | 17,48 | 9,25,40,56 | 18 | 2,4,6,　10,　14, | 18,　22,　26,　30, | 35,　39,　43,　47, | 51,　55,　59,61,63 |
| 47 | 8 | 1 | 64 | 17,48 | 9,25,40,56 | 17 | 2,4,6,　10,　14, | 18,　22,　26,　30, | 35,　39,　43,　47, | 51,　55,　59,　63 |
| 48 | 8 | 1 | 64 | 17,48 | 9,25,40,56 | 16 | 2,　6,　10,　14, | 18,　22,　26,　30, | 35,　39,　43,　47, | 51,　55,　59,　63 |

续表

| 参赛数 | 种子数 | 1号种子位置 | 2号种子位置 | 3、4号种子位置 | 5至8号种子位置 | 轮空数 | 轮空位置分布 | | | |
|---|---|---|---|---|---|---|---|---|---|---|
| 49 | 8 | 1 | 64 | 17,48 | 9,25,40,56 | 15 | 2, 6, 10, 14, | 18, 22, 26, 30, | 39, 43, 47, | 51, 55, 59, 63 |
| 50 | 8 | 1 | 64 | 17,48 | 9,25,40,56 | 14 | 2, 6, 10, 14, | 18, 22, 26, | 39, 43, 47, | 51, 55, 59, 63 |
| 51 | 8 | 1 | 64 | 17,48 | 9,25,40,56 | 13 | 2, 6, 10, 14, | 18, 22, 26, | 39, 43, 47, | 55, 59, 63 |
| 52 | 8 | 1 | 64 | 17,48 | 9,25,40,56 | 12 | 2, 6, 10, | 18, 22, 26, | 39, 43, 47, | 55, 59, 63 |
| 53 | 8 | 1 | 64 | 17,48 | 9,25,40,56 | 11 | 2, 6, 10, | 18, 22, 26, | 39, 47, | 55, 59, 63 |
| 54 | 8 | 1 | 64 | 17,48 | 9,25,40,56 | 10 | 2, 6, 10, | 18, 26, | 39, 47, | 55, 59, 63 |
| 55 | 8 | 1 | 64 | 17,48 | 9,25,40,56 | 9 | 2, 6, 10, | 18, 26, | 39, 47, | 55, 63 |
| 56 | 8 | 1 | 64 | 17,48 | 9,25,40,56 | 8 | 2, 10, | 18, 26, | 39, 47, | 55, 63 |
| 57 | 8 | 1 | 64 | 17,48 | 9,25,40,56 | 7 | 2, 10, | 18, 26, | 47, | 55, 63 |
| 58 | 8 | 1 | 64 | 17,48 | 9,25,40,56 | 6 | 2, 10, | 18 | 47, | 55, 63 |
| 59 | 8 | 1 | 64 | 17,48 | 9,25,40,56 | 5 | 2, 10, | 18 | 47, | 63 |
| 60 | 8 | 1 | 64 | 17,48 | 9,25,40,56 | 4 | 2, | 18, | 47, | 63 |
| 61 | 8 | 1 | 64 | 17,48 | 9,25,40,56 | 3 | 2, | 18, | | 63 |
| 62 | 8 | 1 | 64 | 17,48 | 9,25,40,56 | 2 | 2, | | | 63 |
| 63 | 8 | 1 | 64 | 17,48 | 9,25,40,56 | 1 | 2 | | | |
| 64 | 16 | 1 | 64 | 17,48 | 9,25,40,56 | 0 | (9至16号种子:5,13,21,29,36,44,52,60号位) | | | |

## 表 2－4　1 至 128 人(对、队)淘汰表
## 65 至 128 人(对、队)参赛的种子数和种子位置分布表

| 参赛数 | 种子数 | 1 号种子位置 | 2 号种子位置 | 3、4 号种子位置 | 5 至 8 号种子位置 | 9 至 16 号种子位置 |
|---|---|---|---|---|---|---|
| 65 | 16 | 1 | 128 | 33,96 | 17,49,80,112 | 9,25,41,57,72,88,104,120 |
| 66 | 16 | 1 | 128 | 33,96 | 17,49,80,112 | 9,25,41,57,72,88,104,120 |
| 67 | 16 | 1 | 128 | 33,96 | 17,49,80,112 | 9,25,41,57,72,88,104,120 |
| 68 | 16 | 1 | 128 | 33,96 | 17,49,80,112 | 9,25,41,57,72,88,104,120 |
| 69 | 16 | 1 | 128 | 33,96 | 17,49,80,112 | 9,25,41,57,72,88,104,120 |
| 70 | 16 | 1 | 128 | 33,96 | 17,49,80,112 | 9,25,41,57,72,88,104,120 |
| 71 | 16 | 1 | 128 | 33,96 | 17,49,80,112 | 9,25,41,57,72,88,104,120 |
| 72 | 16 | 1 | 128 | 33,96 | 17,49,80,112 | 9,25,41,57,72,88,104,120 |
| 73 | 16 | 1 | 128 | 33,96 | 17,49,80,112 | 9,25,41,57,72,88,104,120 |
| 74 | 16 | 1 | 128 | 33,96 | 17,49,80,112 | 9,25,41,57,72,88,104,120 |
| 75 | 16 | 1 | 128 | 33,96 | 17,49,80,112 | 9,25,41,57,72,88,104,120 |
| 76 | 16 | 1 | 128 | 33,96 | 17,49,80,112 | 9,25,41,57,72,88,104,120 |
| 77 | 16 | 1 | 128 | 33,96 | 17,49,80,112 | 9,25,41,57,72,88,104,120 |
| 78 | 16 | 1 | 128 | 33,96 | 17,49,80,112 | 9,25,41,57,72,88,104,120 |
| 79 | 16 | 1 | 128 | 33,96 | 17,49,80,112 | 9,25,41,57,72,88,104,120 |
| 80 | 16 | 1 | 128 | 33,96 | 17,49,80,112 | 9,25,41,57,72,88,104,120 |
| 81 | 16 | 1 | 128 | 33,96 | 17,49,80,112 | 9,25,41,57,72,88,104,120 |
| 82 | 16 | 1 | 128 | 33,96 | 17,49,80,112 | 9,25,41,57,72,88,104,120 |
| 83 | 16 | 1 | 128 | 33,96 | 17,49,80,112 | 9,25,41,57,72,88,104,120 |
| 84 | 16 | 1 | 128 | 33,96 | 17,49,80,112 | 9,25,41,57,72,88,104,120 |
| 85 | 16 | 1 | 128 | 33,96 | 17,49,80,112 | 9,25,41,57,72,88,104,120 |

续表

| 参赛数 | 种子数 | 1号种子位置 | 2号种子位置 | 3、4号种子位置 | 5至8号种子位置 | 9至16号种子位置 |
|---|---|---|---|---|---|---|
| 86 | 16 | 1 | 128 | 33,96 | 17,49,80,112 | 9,25,41,57,72,88,104,120 |
| 87 | 16 | 1 | 128 | 33,96 | 17,49,80,112 | 9,25,41,57,72,88,104,120 |
| 88 | 16 | 1 | 128 | 33,96 | 17,49,80,112 | 9,25,41,57,72,88,104,120 |
| 89 | 16 | 1 | 128 | 33,96 | 17,49,80,112 | 9,25,41,57,72,88,104,120 |
| 90 | 16 | 1 | 128 | 33,96 | 17,49,80,112 | 9,25,41,57,72,88,104,120 |
| 91 | 16 | 1 | 128 | 33,96 | 17,49,80,112 | 9,25,41,57,72,88,104,120 |
| 92 | 16 | 1 | 128 | 33,96 | 17,49,80,112 | 9,25,41,57,72,88,104,120 |
| 93 | 16 | 1 | 128 | 33,96 | 17,49,80,112 | 9,25,41,57,72,88,104,120 |
| 94 | 16 | 1 | 128 | 33,96 | 17,49,80,112 | 9,25,41,57,72,88,104,120 |
| 95 | 16 | 1 | 128 | 33,96 | 17,49,80,112 | 9,25,41,57,72,88,104,120 |
| 96 | 16 | 1 | 128 | 33,96 | 17,49,80,112 | 9,25,41,57,72,88,104,120 |
| 97 | 16 | 1 | 128 | 33,96 | 17,49,80,112 | 9,25,41,57,72,88,104,120 |
| 98 | 16 | 1 | 128 | 33,96 | 17,49,80,112 | 9,25,41,57,72,88,104,120 |
| 99 | 16 | 1 | 128 | 33,96 | 17,49,80,112 | 9,25,41,57,72,88,104,120 |
| 100 | 16 | 1 | 128 | 33,96 | 17,49,80,112 | 9,25,41,57,72,88,104,120 |
| 101 | 16 | 1 | 128 | 33,96 | 17,49,80,112 | 9,25,41,57,72,88,104,120 |
| 102 | 16 | 1 | 128 | 33,96 | 17,49,80,112 | 9,25,41,57,72,88,104,120 |
| 103 | 16 | 1 | 128 | 33,96 | 17,49,80,112 | 9,25,41,57,72,88,104,120 |
| 104 | 16 | 1 | 128 | 33,96 | 17,49,80,112 | 9,25,41,57,72,88,104,120 |
| 105 | 16 | 1 | 128 | 33,96 | 17,49,80,112 | 9,25,41,57,72,88,104,120 |
| 106 | 16 | 1 | 128 | 33,96 | 17,49,80,112 | 9,25,41,57,72,88,104,120 |

续表

| 参赛数 | 种子数 | 1号种子位置 | 2号种子位置 | 3、4号种子位置 | 5至8号种子位置 | 9至16号种子位置 |
|---|---|---|---|---|---|---|
| 107 | 16 | 1 | 128 | 33,96 | 17,49,80,112 | 9,25,41,57,72,88,104,120 |
| 108 | 16 | 1 | 128 | 33,96 | 17,49,80,112 | 9,25,41,57,72,88,104,120 |
| 109 | 16 | 1 | 128 | 33,96 | 17,49,80,112 | 9,25,41,57,72,88,104,120 |
| 110 | 16 | 1 | 128 | 33,96 | 17,49,80,112 | 9,25,41,57,72,88,104,120 |
| 111 | 16 | 1 | 128 | 33,96 | 17,49,80,112 | 9,25,41,57,72,88,104,120 |
| 112 | 16 | 1 | 128 | 33,96 | 17,49,80,112 | 9,25,41,57,72,88,104,120 |
| 113 | 16 | 1 | 128 | 33,96 | 17,49,80,112 | 9,25,41,57,72,88,104,120 |
| 114 | 16 | 1 | 128 | 33,96 | 17,49,80,112 | 9,25,41,57,72,88,104,120 |
| 115 | 16 | 1 | 128 | 33,96 | 17,49,80,112 | 9,25,41,57,72,88,104,120 |
| 116 | 16 | 1 | 128 | 33,96 | 17,49,80,112 | 9,25,41,57,72,88,104,120 |
| 117 | 16 | 1 | 128 | 33,96 | 17,49,80,112 | 9,25,41,57,72,88,104,120 |
| 118 | 16 | 1 | 128 | 33,96 | 17,49,80,112 | 9,25,41,57,72,88,104,120 |
| 119 | 16 | 1 | 128 | 33,96 | 17,49,80,112 | 9,25,41,57,72,88,104,120 |
| 120 | 16 | 1 | 128 | 33,96 | 17,49,80,112 | 9,25,41,57,72,88,104,120 |
| 121 | 16 | 1 | 128 | 33,96 | 17,49,80,112 | 9,25,41,57,72,88,104,120 |
| 122 | 16 | 1 | 128 | 33,96 | 17,49,80,112 | 9,25,41,57,72,88,104,120 |
| 123 | 16 | 1 | 128 | 33,96 | 17,49,80,112 | 9,25,41,57,72,88,104,120 |
| 124 | 16 | 1 | 128 | 33,96 | 17,49,80,112 | 9,25,41,57,72,88,104,120 |
| 125 | 16 | 1 | 128 | 33,96 | 17,49,80,112 | 9,25,41,57,72,88,104,120 |
| 126 | 16 | 1 | 128 | 33,96 | 17,49,80,112 | 9,25,41,57,72,88,104,120 |
| 127 | 16 | 1 | 128 | 33,96 | 17,49,80,112 | 9,25,41,57,72,88,104,120 |
| 128 | 16 | 1 | 128 | 33,96 | 17,49,80,112 | 9,25,41,57,72,88,104,120 |

## 表 2－5 1 至 128 人（对、队）淘汰表

## 65 至 128 人（对、队）参赛的轮空数和轮空位置分布表

| 参赛数 | 轮空数 | 轮空位置分布 | | | | | | | |
|---|---|---|---|---|---|---|---|---|---|
| 65 | 63 | 2，4，6，8，<br>10，12，14，16， | 18，20，22，24，<br>26，28，30，32， | 34，36，38，40，<br>42，44，46，48， | 50，52，54，56，<br>58，60，62，64， | 67，69，71，<br>73，75，77，79， | 81，83，85，87，<br>89，91，93，95， | 97，99，101，103，<br>105，107，109，111， | 113，115，117，119，<br>121，123，125，127 |
| 66 | 62 | 2，4，6，8，<br>10，12，14，16， | 18，20，22，24，<br>26，28，30，32， | 34，36，38，40，<br>42，44，46，48， | 50，52，54，56，<br>58，60，62， | 67，69，71，<br>73，75，77，79， | 81，83，85，87，<br>89，91，93，95， | 97，99，101，103，<br>105，107，109，111， | 113，115，117，119，<br>121，123，125，127 |
| 67 | 61 | 2，4，6，8，<br>10，12，14，16， | 18，20，22，24，<br>26，28，30，32， | 34，36，38，40，<br>42，44，46，48， | 50，52，54，56，<br>58，60，62， | 67，69，71，<br>73，75，77，79， | 81，83，85，87，<br>89，91，93，95， | 99，101，103，<br>105，107，109，111， | 113，115，117，119，<br>121，123，125，127 |
| 68 | 60 | 2，4，6，8，<br>10，12，14，16， | 18，20，22，24，<br>26，28，30， | 34，36，38，40，<br>42，44，46，48， | 50，52，54，56，<br>58，60，62， | 67，69，71，<br>73，75，77，79， | 81，83，85，87，<br>89，91，93，95， | 99，101，103，<br>105，107，109，111， | 113，115，117，119，<br>121，123，125，127 |
| 69 | 59 | 2，4，6，8，<br>10，12，14，16， | 18，20，22，24，<br>26，28，30， | 34，36，38，40，<br>42，44，46，48， | 50，52，54，56，<br>58，60，62， | 67，69，71，<br>73，75，77，79， | 83，85，87，<br>89，91，93，95， | 99，101，103，<br>105，107，109，111， | 113，115，117，119，<br>121，123，125，127 |
| 70 | 58 | 2，4，6，8，<br>10，12，14，16， | 18，20，22，24，<br>26，28，30， | 34，36，38，40，<br>42，44，46， | 50，52，54，56，<br>58，60，62， | 67，69，71，<br>73，75，77，79， | 83，85，87，<br>89，91，93，95， | 99，101，103，<br>105，107，109，111， | 113，115，117，119，<br>121，123，125，127 |
| 71 | 57 | 2，4，6，8，<br>10，12，14，16， | 18，20，22，24，<br>26，28，30， | 34，36，38，40，<br>42，44，46， | 50，52，54，56，<br>58，60，62， | 67，69，71，<br>73，75，77，79， | 83，85，87，<br>89，91，93，95， | 99，101，103，<br>105，107，109，111， | 115，117，119，<br>121，123，125，127 |
| 72 | 56 | 2，4，6，8，<br>10，12，14， | 18，20，22，24，<br>26，28，30， | 34，36，38，40，<br>42，44，46， | 50，52，54，56，<br>58，60，62， | 67，69，71，<br>73，75，77，79， | 83，85，87，<br>89，91，93，95， | 99，101，103，<br>105，107，109，111， | 115，117，119，<br>121，123，125，127 |

续表 2－5－1

| 参赛数 | 轮空数 | 轮空位置分布 | | | | | | | |
|---|---|---|---|---|---|---|---|---|---|
| 73 | 55 | 2，4，6，8，10，12，14， | 18，20，22，24，26，28，30， | 34，36，38，40，42，44，46， | 50，52，54，56，58，60，62， | 67，69，71，75，77，79， | 83，85，87，89，91，93，95， | 99，101，103，105，107，109，111， | 115，117，119，121，123，125，127 |
| 74 | 54 | 2，4，6，8，10，12，14， | 18，20，22，24，26，28，30， | 34，36，38，40，42，44，46， | 50，52，54，58，60，62， | 67，69，71，75，77，79， | 83，85，87，89，91，93，95， | 99，101，103，105，107，109，111， | 115，117，119，121，123，125，127 |
| 75 | 53 | 2，4，6，8，10，12，14， | 18，20，22，24，26，28，30， | 34，36，38，40，42，44，46， | 50，52，54，58，60，62， | 67，69，71，75，77，79， | 83，85，87，89，91，93，95， | 99，101，103，107，109，111， | 115，117，119，121，123，125，127 |
| 76 | 52 | 2，4，6，8，10，12，14， | 18，20，22，26，28，30， | 34，36，38，40，42，44，46， | 50，52，54，58，60，62， | 67，69，71，75，77，79， | 83，85，87，89，91，93，95， | 99，101，103，107，109，111， | 115，117，119，121，123，125，127 |
| 77 | 51 | 2，4，6，8，10，12，14， | 18，20，22，26，28，30， | 34，36，38，40，42，44，46， | 50，52，54，58，60，62， | 67，69，71，75，77，79， | 83，85，87，91，93，95， | 99，101，103，107，109，111， | 115，117，119，121，123，125，127 |
| 78 | 50 | 2，4，6，8，10，12，14， | 18，20，22，26，28，30， | 34，36，38，42，44，46， | 50，52，54，58，60，62， | 67，69，71，75，77，79， | 83，85，87，91，93，95， | 99，101，103，107，109，111， | 115，117，119，121，123，125，127 |
| 79 | 49 | 2，4，6，8，10，12，14， | 18，20，22，26，28，30， | 34，36，38，42，44，46， | 50，52，54，58，60，62， | 67，69，71，75，77，79， | 83，85，87，91，93，95， | 99，101，103，107，109，111， | 115，117，119，123，125，127 |

续表 2－5－2

| 参赛数 | 轮空数 | 轮空位置分布 | | | | | | | |
|---|---|---|---|---|---|---|---|---|---|
| 80 | 48 | 2，4，6，10，12，14， | 18，20，22，26，28，30， | 34，36，38，42，44，46， | 50，52，54，58，60，62， | 67，69，71，75，77，79， | 83，85，87，91，93，95， | 99，101，103，107，109，111， | 115，117，119，123，125，127 |
| 81 | 47 | 2，4，6，10，12，14， | 18，20，22，26，28，30， | 34，36，38，42，44，46， | 50，52，54，58，60，62， | 69，71，75，77，79， | 83，85，87，91，93，95， | 99，101，103，107，109，111， | 115，117，119，123，125，127 |
| 82 | 46 | 2，4，6，10，12，14， | 18，20，22，26，28，30， | 34，36，38，42，44，46， | 50，52，54，58，60， | 69，71，75，77，79， | 83，85，87，91，93，95， | 99，101，103，107，109，111， | 115，117，119，123，125，127 |
| 83 | 45 | 2，4，6，10，12，14， | 18，20，22，26，28，30， | 34，36，38，42，44，46， | 50，52，54，58，60， | 69，71，75，77，79， | 83，85，87，91，93，95， | 101，103，107，109，111， | 115，117，119，123，125，127 |
| 84 | 44 | 2，4，6，10，12，14， | 18，20，22，26，28， | 34，36，38，42，44，46， | 50，52，54，58，60， | 69，71，75，77，79， | 83，85，87，91，93，95， | 101，103，107，109，111， | 115，117，119，123，125，127 |
| 85 | 43 | 2，4，6，10，12，14， | 18，20，22，26，28， | 34，36，38，42，44，46， | 50，52，54，58，60， | 69，71，75，77，79， | 85，87，91，93，95， | 101，103，107，109，111， | 115，117，119，123，125，127 |
| 86 | 42 | 2，4，6，10，12，14， | 18，20，22，26，28， | 34，36，38，42，44， | 50，52，54，58，60， | 69，71，75，77，79， | 85，87，91，93，95， | 101，103，107，109，111， | 115，117，119，123，125，127 |
| 87 | 41 | 2，4，6，10，12，14， | 18，20，22，26，28， | 34，36，38，42，44， | 50，52，54，58，60， | 69，71，75，77，79， | 85，87，91，93，95， | 101，103，107，109，111， | 117，119，123，125，127 |

续表 2－5－3

| 参赛数 | 轮空数 | 轮空位置分布 | | | | | | | |
|---|---|---|---|---|---|---|---|---|---|
| 88 | 40 | 2, 4, 6, 10,12, | 18,20,22, 26,28, | 34,36,38, 42,44, | 50,52,54, 58,60, | 69,71, 75,77,79, | 85,87, 91,93,95, | 101,103, 107,109,111, | 117,119, 123,125,127 |
| 89 | 39 | 2, 4, 6, 10,12, | 18,20,22, 26,28, | 34,36,38, 42,44, | 50,52,54, 58,60, | 69,71, 77,79, | 85,87, 91,93,95, | 101,103, 107,109,111, | 117,119, 123,125,127 |
| 90 | 38 | 2, 4, 6, 10,12, | 18,20,22, 26,28, | 34,36,38, 42,44, | 50,52, 58,60, | 69,71, 77,79, | 85,87, 91,93,95, | 101,103, 107,109,111, | 117,119, 123,125,127 |
| 91 | 37 | 2, 4, 6, 10,12, | 18,20,22, 26,28, | 34,36,38, 42,44, | 50,52, 58,60, | 69,71, 77,79, | 85,87, 91,93,95, | 101,103, 109,111, | 117,119, 123,125,127 |
| 92 | 36 | 2, 4, 6, 10,12, | 18,20, 26,28, | 34,36,38, 42,44, | 50,52, 58,60, | 69,71, 77,79, | 85,87, 91,93,95, | 101,103, 109,111, | 117,119, 123,125,127 |
| 93 | 35 | 2, 4, 6, 10,12, | 18,20, 26,28, | 34,36,38, 42,44, | 50,52, 58,60, | 69,71, 77,79, | 85,87, 93,95, | 101,103, 109,111, | 117,119, 123,125,127 |
| 94 | 34 | 2, 4, 6, 10,12, | 18,20, 26,28, | 34,36, 42,44, | 50,52, 58,60, | 69,71, 77,79, | 85,87, 93,95, | 101,103, 109,111, | 117,119, 123,125,127 |
| 95 | 33 | 2, 4, 6, 10,12, | 18,20, 26,28, | 34,36, 42,44, | 50,52, 58,60, | 69,71, 77,79, | 85,87, 93,95, | 101,103, 109,111, | 117,119, 125,127 |
| 96 | 32 | 2, 4, 10,12, | 18,20, 26,28, | 34,36, 42,44, | 50,52, 58,60, | 69,71, 77,79, | 85,87, 93,95, | 101,103, 109,111, | 117,119, 125,127 |

续表 2 -5 -4

| 参赛数 | 轮空数 | 轮空位置分布 | | | | | | | |
|---|---|---|---|---|---|---|---|---|---|
| 97 | 31 | 2，4，10，12， | 18，20，26，28， | 34，36，42，44， | 50，52，58，60， | 71，77，79， | 85，87，93，95， | 101，103，109，111， | 117，119，125，127 |
| 98 | 30 | 2，4，10，12， | 18，20，26，28， | 34，36，42，44， | 50，52，58， | 71，77，79， | 85，87，93，95， | 101，103，109，111， | 117，119，125，127 |
| 99 | 29 | 2，4，10，12， | 18，20，26，28， | 34，36，42，44， | 50，52，58， | 71，77，79， | 85，87，93，95， | 103，109，111， | 117，119，125，127 |
| 100 | 28 | 2，4，10，12， | 18，20，26， | 34，36，42，44， | 50，52，58， | 71，77，79， | 85，87，93，95， | 103，109，111， | 117，119，125，127 |
| 101 | 27 | 2，4，10，12， | 18，20，26， | 34，36，42，44， | 50，52，58， | 71，77，79， | 87，93，95， | 103，109，111， | 117，119，125，127 |
| 102 | 26 | 2，4，10，12， | 18，20，26， | 34，36，42， | 50，52，58， | 71，77，79， | 87，93，95， | 103，109，111， | 117，119，125，127 |
| 103 | 25 | 2，4，10，12， | 18，20，26， | 34，36，42， | 50，52，58， | 71，77，79， | 87，93，95， | 103，109，111， | 119，125，127 |
| 104 | 24 | 2，4，10， | 18，20，26， | 34，36，42， | 50，52，58， | 71，77，79， | 87，93，95， | 103，109，111， | 119，125，127 |

续表 2-5-5

| 参赛数 | 轮空数 | 轮空位置分布 | | | | | | | |
|---|---|---|---|---|---|---|---|---|---|
| 105 | 23 | 2，4，<br>10， | 18，20，<br>26， | 34，36，<br>42， | 50，52，<br>58， | 71，<br>79， | 87，<br>93，95， | 103，<br>109，111， | 119，<br>125，127 |
| 106 | 22 | 2，4，<br>10， | 18，20，<br>26， | 34，36，<br>42， | 50，<br>58， | 71，<br>79， | 87，<br>93，95， | 103，<br>109，111， | 119，<br>125，127 |
| 107 | 21 | 2，4，<br>10， | 18，20，<br>26， | 34，36，<br>42， | 50，<br>58， | 71，<br>79， | 87，<br>93，95， | 103，<br>111， | 119，<br>125，127 |
| 108 | 20 | 2，4，<br>10， | 18，<br>26， | 34，36，<br>42， | 50，<br>58， | 71，<br>79， | 87，<br>93，95， | 103，<br>111， | 119，<br>125，127 |
| 109 | 19 | 2，4，<br>10， | 18，<br>26， | 34，36，<br>42， | 50，<br>58， | 71，<br>79， | 87，<br>95， | 103，<br>111， | 119，<br>125，127 |
| 110 | 18 | 2，4，<br>10， | 18，<br>26， | 34，<br>42， | 50，<br>58， | 71，<br>79， | 87，<br>95， | 103，<br>111， | 119，<br>125，127 |
| 111 | 17 | 2，4，<br>10， | 18，<br>26， | 34，<br>42， | 50，<br>58， | 71，<br>79， | 87，<br>95， | 103，<br>111， | 119，<br>127 |
| 112 | 16 | 2，<br>10， | 18，<br>26， | 34，<br>42， | 50，<br>58， | 71，<br>79， | 87，<br>95， | 103，<br>111， | 119，<br>127 |
| 113 | 15 | 2，<br>10， | 18，<br>26， | 34，<br>42， | 50，<br>58， | 79， | 87，<br>95， | 103，<br>111， | 119，<br>127 |

续表 2 –5 –6

| 参赛数 | 轮空数 | 轮空位置分布 | | | | | | | |
|---|---|---|---|---|---|---|---|---|---|
| 114 | 14 | 2,<br>10, | 18,<br>26, | 34,<br>42, | 50, | 79, | 87,<br>95, | 103,<br>111, | 119,<br>127 |
| 115 | 13 | 2,<br>10, | 18,<br>26, | 34,<br>42, | 50, | 79, | 87,<br>95, | 111, | 119,<br>127 |
| 116 | 12 | 2,<br>10, | 18, | 34,<br>42, | 50, | 79, | 87,<br>95, | 111, | 119,<br>127 |
| 117 | 11 | 2,<br>10, | 18, | 34,<br>42, | 50, | 79, | 95, | 111, | 119,<br>127 |
| 118 | 10 | 2,<br>10, | 18, | 34, | 50, | 79, | 95, | 111, | 119,<br>127 |
| 119 | 9 | 2,<br>10, | 18, | 34, | 50, | 79, | 95, | 111, | 127 |
| 120 | 8 | 2, | 18, | 34, | 50, | 79, | 95, | 111, | 127 |
| 121 | 7 | 2, | 18, | 34, | 50, | | 95, | 111, | 127 |
| 122 | 6 | 2, | 18, | 34, | | | 95, | 111, | 127 |

续表 2 -5 -7

| 参赛数 | 轮空数 | 轮空位置分布 | | | | | | | |
|---|---|---|---|---|---|---|---|---|---|
| 123 | 5 | 2, | 18, | 34, | | | 95, | | 127 |
| 124 | 4 | 2, | | 34, | | | 95, | | 127 |
| 125 | 3 | 2, | | 34, | | | | | 127 |
| 126 | 2 | 2, | | | | | | | 127 |
| 127 | 1 | 2, | | | | | | | |
| 128 | 0 | | | | | | | | |

## 三、确定“种子”的原则

1 “种子”是根据排名和技术水平确定的，应是本项目当时最好的选手。技术水平主要看运动员在各级比赛中所取得的成绩，如世界锦标赛、洲比赛或大型国际比赛的成绩，以及全国比赛的成绩和其他比赛的成绩等。考虑比赛成绩时，要以最近的比赛和所参加的高级大型比赛的成绩为主，远的服从近的，低的服从高的。在双打比赛中确定“种子”时，除依据上述原则外，还可参考单打比赛或其中一人的双打成绩。举办比赛的有关委员会可对确定“种子”的原则作补充规定。

2 世界羽联对运动员排名和“种子”确定另有规定。

3 中国羽协对运动员排名和“种子”确定另有规定。

## 四、报名顺序

参赛单位应根据排名和技术水平排列运动员的报名顺序。必要时，竞委会有权调整报名顺序。

## 五、抽签变更和运动员替补

1 竞委会或裁判长，不应允许对所公布的各项抽签结果进行更改。以下情况除外：

1.1 在控制报名时或抽签时出错，且该项目比赛未开始。

1.2 一名运动员在其第一场比赛开始前因生病，受伤或不可预见的原因不能参赛。

1.3 替补运动员（对）应是非种子或种子批次不高于被替换运动员（对）。种子批次分别为 1 号和 2 号、3 号和 4 号、5 号至 8 号和 9 号至 16 号。

2 按 1.1 至 1.3 替补，单打只允许由来自同单位的运动员替补，原运动员不得再参加该赛事的任何项目比赛。

3 按 1.1 至 1.3 替补，双打只允许：

3.1 双打剩下的一名运动员可以与任何单位的运动员配对，但不能影响其他双打配对。

3.2 来自一个单位的双打可以由同单位的新配对替补。

3.3 如果因受1.2影响，两对配对双方各只剩下一名运动员，则剩下的两名运动员可搭配成一对。如原配对抽签位置是轮空，则替补的新配对应该进入该位置，否则应用抽签定位。

4 1至3所规定的替补应优先于5和6规定的位置调换来考虑。

5 一名（对）运动员如果输了一场比赛则没有资格再参加该赛事中该项目的比赛。

6 在循环赛中，裁判长可允许因伤病或其他无法避免的原因不能比赛的运动员被替补，但替补必须在该名（对）运动员第一场比赛开始前。一旦比赛开始，则不能替补。

7 运动员在一场比赛中的弃权不应视为退赛。但如果运动员报名参赛的项目在一个以上，则运动员在该项目比赛中弃权或退出该项目，都必须退出其已报名的其他全部项目。在一个赛事中，对有运动员‘未出场比赛’的某场比赛，应按退赛处理，但对‘未出场比赛’的处罚要高于退赛，且将在已有的退赛处罚之上追加处罚。该条款也适用于团体赛事，如运动员在一次团体赛中弃权或退赛则意味着该名运动员须退出该次团体赛余下的所有比赛，而且其余下的双打比赛也不可替补。但在一次团体赛中的弃权或退赛的运动员，仍可继续参加在该团体赛事中后续的其他场次的团体比赛。

8 如果抽签后由于运动员退赛，出现正赛抽签结果严重不平衡的特殊情况，而该项目又无预赛且该正赛比赛还未开始，则裁判长可以对其重新抽签。

9 预赛开始前出现预赛抽签不平衡，裁判长有权对其进行重新抽签。

## 六、竞赛日程安排

1 竞赛日程安排通常有两种形式：

1.1 **分　节**

将比赛安排在上午、下午和晚上进行。在条件许可时，每天的比赛最好安排两节，即在上午和晚上进行。

1.2 **不分节**

只设定每天比赛的开始时间，比赛按场序连续进行，直至当日比赛全部结束。

竞赛日程安排，在确保运动员合理负担量的前提下，应尽量提高场地的利用率，缩短比赛天数。每个项目的轮数多于天数时，最初几天多安排轮次。

2 若比赛既有团体赛，又有单项赛，则团体赛应在单项比赛开始之前结束。

3 在条件许可的情况下，比赛日程中应安排一天休息。最好安排在团体赛和单项赛之间，或安排在第一阶段比赛和第二阶段比赛之间。

4 在单项比赛中，每名运动员一天内不应安排超过 6 场比赛，而且同一个项目的比赛不应超过 3 场；在一节比赛中，不应安排超过 3 场，同一个项目的比赛不应超过 2 场。

5 在团体赛中，每个队一天内不应安排超过 2 次五场制的团体赛；一节中不应安排超过 1 次五场制的团体赛。

6 若遇特殊情况，经竞赛主办单位同意，可不受此限制。

7 在世界羽联批准的比赛中，不论世界羽联有无任命代表到场，都不允许要求运动员在其上一场比赛结束后 30 分钟内开始另一场比赛。当比赛在天气比较热、湿度比较高的条件下进行时，可以允许适当延长间歇时间。

# 七、场地规定

## 1 世界羽联主要赛事

1.1 奥运会羽毛球赛、世界锦标赛、世界青年单项锦标赛（Eye Level 杯）、世界羽毛球元老锦标赛、苏迪曼杯、汤姆斯杯和尤伯杯决赛阶段的比赛，以及世界青年团体锦标赛（苏翰迪纳塔杯），整个比赛场地净空的最低高度至少 12 米。

1.2 在比赛区域上空的这一高度内，不应有横梁或其他障碍物。

## 2 世界羽联其他赛事和其他国际比赛

2.1 对于所有其他国际比赛，这一高度最好是 12 米（39 英尺），但最低不得少于 9 米（30 英尺）

2.2 在比赛区域上空的这一高度内，不应有横梁或其他障碍物。

## 3 地　板

3.1 场地必须是木质弹性地板，或类似的表层，上铺经批准的防滑地胶。如需要，世界羽联有权批准任何木质弹性地板的类似表层。

3.2 建议场地四周至少应有 2 米（6.5 英尺）空地，相邻两个场地必须至少间隔 2 米。

## 4 背景和灯光

4.1 为了避免对羽毛球视觉上的影响，场地端线背景不得使用白色，最好使用深色。

4.2 场地上空灯光照度至少要达到1000 勒克司（电视拍摄按其要求。静态摄影的最佳照度为 1800 ~ 2000 勒克司）。

4.3 灯光不能直接置于比赛场地上方或后方，而应沿场地两边安置。

4.4 比赛区域四周不得有自然光源。

## 5 气　流

5.1 所有气流，如空调气流均应受到严格控制或予以排除。

## 6 其他要求

6.1 赛事承办者应遵守上述规定。

6.2 遇特殊情况，批准机构可以变通上述规定。

6.3 所有涉及运动员、官员和观众的健康、安全和安保的相关事宜，必须遵循（当地）政府法规。

# 八、比赛用球

1 由竞赛组织者确定一个牌号的比赛用球。

2 竞赛组织者根据赛事举办地的条件确定一种速度的比赛用球，并各准备一种速度较快和速度较慢的比赛用球。

3 每节比赛使用哪一种速度的球，由裁判长在每节比赛开始前决定。运动员不得选择球的速度。

# 九、裁判椅

1 裁判椅应稳固、安全，便于裁判员上下。

2 裁判椅应附有折页写字板，便于裁判员放记分表。

3 座椅应居中放置在网的延长线上距网柱 1 米处。

4 椅面高度应与网高相同，即 1.55 米，并且其制作尺寸及材料应舒适。

# 十、场区广告

1 只有符合 2 至 6 的要求，才能在场地周围的两米空地和场地上展示文字或图片广告。

2 场区内任何形式的广告均不得分散运动员、现场及电视观众的注意力，或造成场地界线辨别不清。

## 3 场 地

3.1 场地端线外侧 30 厘米以外，允许场地提供商放置最多各一个完全相同的不超过 170 厘米 ×30 厘米的贴地标志。

3.2 场地边线或端线外侧 30 厘米以外，允许比赛赞助商放置最多各一个完全相同的不超过 170 厘米 ×30 厘米的贴地标志。

3.3 前发球线和单打边线之间，允许比赛赞助商在网下居中放置一个不超过 250 厘米 ×100 厘米的贴地标志。

3.4 广告形状不限。但在场地表面不允许出现 3D 广告。展现广告必须使用性能与场地地面性能相仿的防滑材料。

## 4 网

4.1 距网的两端各至少 100 厘米、距网白色夹层的下沿和网底各至少 12.5 厘米处允许出现一个网面广告。该广告必须用油漆或染料涂、喷，但不得改变网的性能和形状。

4.2 球网提供商的标记在网上最多可出现两个，且必须分置白色夹层两端的不同侧面。每个标记距该侧网柱 4 厘米，高不得超过 3.5 厘米，宽不得超过 10 厘米。

## 5 网　柱

每个网柱最多可出现两个同样的柱面标记。两个柱面标记分别面向端线方向粘贴。每个标记高不超过 30 厘米，宽不超过 3 厘米。

## 6 裁判椅和发球裁判椅

裁判椅和发球裁判椅允许展现广告。

## 7 虚拟成像和虚拟广告

在世界羽联批准的比赛中，任何虚拟成像或虚拟广告都必须事先得到世界羽联的书面批准方可通过电视信号播出。已授权洲联合会或其他筹划机构的赛事除外。

# 十一、比赛服装

1 比赛服装指除球拍外，运动员在比赛中所穿戴的包括（但不限于）：套头衫、运动短袖上衣、运动短裤、裙、袜、鞋、头箍（包括头巾和穆斯林的头巾）、护腕、绷带及医用护具等任何衣着物品。

2 为保证羽毛球比赛更具观赏性，在世界羽联主办或批准的比赛中，运动员所穿服装应为被认可的羽毛球运动服装。不得用粘盖、别针固定广告或其它临时变通手段改变服装以达到符合广告规定或其它规定的目的。

3 有关服装广告的规定，必须在赛事规程或报名表中明确说明，并建议在所有相关通讯联络中重申。

4 执行服装广告规定时，裁判长在每次比赛中的决定是最终决定。

## 5 颜　色

5.1 在所有世界羽联批准的比赛（包括由其主办的比赛及综合运动会羽毛球赛）中，每件运动服装可为任一颜色或多种颜色。

5.2 **团体赛**

在所有世界羽联团体比赛，即汤姆斯杯、尤伯杯、苏迪曼杯、世界青年团体锦标赛（苏翰迪纳塔杯）中，同队运动员着装必须统一，即相同颜色和款式的短袖运动上衣和短裤（或相应的比赛服装）。

5.3 **单打比赛**

单打运动员必须在整场比赛中穿着符合以下规定的颜色和款式的短袖运动上衣和短裤（或相应的比赛服装）。

5.3.1 一般国际比赛：服装颜色不受限制。

5.3.2 洲巡回赛：服装颜色不受限制或依据洲联合会的规定。

5.3.3 世界羽毛球元老锦标赛：服装颜色不受限制。

5.3.4 超级系列赛：正赛的双方运动员必须穿着颜色明显不同的服装。

5.3.5 大奖赛：自1/4决赛起，双方运动员在每场比赛中必须穿着颜色明显不同的服装。

5.3.6 世界锦标赛：双方运动员在每场比赛中必须穿着颜色明显不同的服装。

5.3.7 世界青年锦标赛（单项和团体锦标赛）：双方运动员在每场比赛中必须穿着颜色明显不同的服装。

5.3.8 汤姆斯杯和尤伯杯：

分区赛：建议双方运动员在每场比赛中穿着颜色明显不同的服装。

决赛阶段：双方运动员在每场比赛中必须穿着颜色明显不同的服装。

5.3.9 苏迪曼杯赛：双方运动员在每场比赛中必须穿着颜色明显不同的服装。

5.3.10 奥运会羽毛球赛：运动员的服装颜色必须一致，双方运动员在每场比赛中必须穿着颜色明显不同的服装。首选的短袖上衣颜色须在奥运会前登记。

5.4 **双打比赛**

一对双打运动员必须在整场比赛中穿着相同颜色和相近款式的短袖运动上衣和短裤（或相应的比赛服装），并符合下列规定。

5.4.1 一般国际比赛：服装颜色不受限制。

5.4.2 洲巡回赛：服装颜色不受限制或依据洲联合会的规定。

5.4.3 世界羽毛球元老锦标赛：服装颜色不受限制。

5.4.4 超级系列赛：自正赛开始，双方运动员在每场比赛中必须穿着颜色明显不同的服装。

5.4.5 大奖赛：自 1/4 决赛起，双方运动员在每场比赛中必须穿着颜色明显不同的服装。

5.4.6 世界锦标赛：双方运动员在每场比赛中必须穿着颜色明显不同的服装。

5.4.7 世界青年锦标赛（单项和团体锦标赛）：双方运动员在每场比赛中必须穿着颜色明显不同的服装。

5.4.8 汤姆斯杯和尤伯杯：

分区赛：建议双方运动员在每场比赛中穿着颜色明显不同的服装。

决赛阶段：双方运动员在每场比赛中必须穿着颜色明显不同的服装。

5.4.9 苏迪曼杯赛：双方运动员在每场比赛中必须穿着颜色明显不同的服装。

5.4.10 奥运会羽毛球赛：运动员的服装颜色必须一致，双方运动员在每场比赛中必须穿着颜色明显不同的服装。首选的短袖上衣颜色须在奥运会前登记。

5.4.11 世界羽联第 1 和第 2 级赛事：自正赛起，双打配对运动员的服装颜色必须一致，双方运动员在每场比赛中必须穿着颜色明显不同的服装。

世界羽联第 3 级赛事：自 1/4 决赛起，双打配对运动员的服装颜色必须一致，双方运动员在每场比赛中必须穿着颜色明显不同的服装。

5.4.12 所有团体赛：首选的短袖上衣颜色需向世界羽联登记。

5.4.13 单项和团体赛：如一场比赛的双方运动员（对）所穿服装颜色没有明显不同，则由排名较低者更换。如双方的排名相同或均无排名，则按报名顺序确定，排序在后者更换。

## 6 图 案

6.1 在所有世界羽联批准的比赛（包括由其主办的比赛及综合运动会羽毛球赛）中，每件比赛服装上只允许出现符合以下规定的一个图案。

6.2 图案应为抽象图案，且不含广告，无具象、商业或推销内容。具象和绘画作品，可以作为整个抽象图案的一部分，出现在服装上。世界羽联是抽象图案构成要素的唯一裁决者。

6.3 短袖运动上衣前面可有运动员所代表的国家（地区）的总面积不超过20平方厘米的旗帜或徽记。不允许单独出现国家（地区）名和/或连同赞助商名或商标。

6.4 图案作为广告的组成部分出现在服装上，必须符合服装广告的规定。

## 7 文 字

7.1 在所有世界羽联批准的比赛（包括由其主办的比赛及综合运动会羽毛球赛）中，每件比赛服装上只允许出现符合以下规定的印刷文字。

### 7.2 颜色、字体、高度

7.2.1 文字应为大写罗马字母（本节7.5.2规定的除外），其颜色为单色并与短袖运动上衣颜色形成反差。

7.2.2 如果短袖运动上衣背面已有图案，则文字应印在与图案颜色形成反差的位置上。

7.2.3 为使观众看清，运动员姓名字体的高度必须为最低6厘米，最高10厘米。

7.2.4 国家（地区）名的字体高度为5厘米。

7.2.5 文字应水平排列或尽可能水平排列在短袖运动上衣上部。

### 7.3 姓 名

短袖运动上衣背面的运动员姓名必须符合有关文字的所有规定。运动员姓名一旦出现，应包括姓氏（或其缩写）以及名字或昵称（如有要求）的首字母，并与参赛名单姓名一致。

7.3.1 一般国际比赛：短袖运动上衣背面不要求有运动员姓名。

7.3.2 洲巡回赛：

单项赛：短袖运动上衣背面必须有运动员姓名。

团体赛：短袖运动上衣背面不要求有运动员姓名或依据洲联合会的规定。

7.3.3 超级系列赛和大奖赛：短袖运动上衣背面必须有运动员姓名。

7.3.4 世界锦标赛：短袖运动上衣背面必须有运动员姓名。

7.3.5 世界青年单项锦标赛（Eye Level 杯赛）：短袖运动上衣背面必须有运动员姓名。

7.3.6 汤姆斯杯和尤伯杯：

分区赛：短袖运动上衣背面不要求有运动员姓名，除非相关洲联合会另有规定。

决赛阶段：短袖运动上衣背面必须有运动员姓名。

7.3.7 苏迪曼杯：顶级组的比赛，短袖运动上衣背面必须有运动员姓名，其他组别的比赛则不要求。

7.3.8 世界青年团体锦标赛（苏翰迪纳塔杯赛）：短袖运动上衣背面必须有运动员姓名。

7.3.9 奥运会羽毛球赛：短袖运动上衣背面必须有运动员姓名。运动员姓名必须登记，以保证与记分牌上姓名一致。

7.3.10 世界羽毛球元老锦标赛：建议短袖运动上衣背面有运动员姓名。

## 7.4 国家（地区）名称

短袖运动上衣背面可以出现运动员所属的国家（地区）名称，但必须符合有关文字的所有规定。如出现，应使用英文全称或奥运会批准的缩写。

7.4.1 一般国际比赛：短袖运动上衣背面不要求有运动员所属国家（地区）名称。

7.4.2 洲巡回赛：

团体赛：短袖运动上衣背面必须有运动员所属国家（地区）名称。

单项赛：短袖运动上衣背面不要求有运动员所属国家（地区）名称或依据洲联合会的规定。

7.4.3 超级系列赛和大奖赛：短袖运动上衣背面不要求有运动员所属国家（地区）名称。

7.4.4 世界锦标赛：短袖运动上衣背面不要求有运动员所属国家（地区）名称。

7.4.5 世界青年单项锦标赛（Eye Level 杯赛）：短袖运动上衣背面不要求有运动员所属国家（地区）名称。

7.4.6 汤姆斯杯和尤伯杯：

分区赛和决赛阶段：短袖运动上衣背面必须有运动员所属国家（地区）名称。

7.4.7 苏迪曼杯赛：所有组别的比赛均要求短袖运动上衣背面必须有运动员所属国家（地区）名称。

7.4.8 世界青年团体锦标赛（苏翰迪纳塔杯赛）：自1/4决赛起，短袖运动上衣背面必须有运动员所属国家（地区）名称。

7.4.9 奥运会羽毛球赛：短袖运动上衣背面必须有运动员所属国家奥委会名称。

7.4.10 世界羽毛球元老锦标赛：短袖运动上衣背面不要求有运动员所属国家（地区）名称。

### 7.5 印字顺序和广告

7.5.1 短袖运动上衣背面的文字顺序从上至下依次为：运动员姓名（如有）、国家（地区）名称（如有）、广告（如有）。

7.5.2 当文字作为广告的组成部分时，且符合本节8的服装广告规定时，可以任何文字出现。

表2-6概括了本节5和7的规定。

表 2－6　本节 5 和 7 规定一览表　服装颜色和姓名

| 比赛名称 | 单打运动员的短袖运动上衣、短裙和短裤的颜色和款式 | 配对双打运动员的短袖运动上衣、短裙和短裤的颜色和款式 | | 短袖运动上衣背面的运动员姓名 | 短袖运动上衣背面的国家（地区）名称 |
|---|---|---|---|---|---|
| | 对方运动员要求穿着颜色明显不同的服装 | 配对运动员要求穿着颜色一致的服装 | 对方运动员要求穿着颜色明显不同的服装 | | |
| 国际比赛 | 颜色不要求明显不同 | 颜色不要求一致 | 颜色不要求明显不同 | 不要求出现 | 不要求出现 |
| 洲巡回赛 | 颜色不要求明显不同或依据洲联合会的规定 | 颜色不要求一致，或依据洲联合会的规定 | 颜色不要求明显不同或依据洲联合会的规定 | 团体赛不要求出现或依据洲联合会的规定，单项赛必须出现。 | 单项赛不要求出现或依据洲联合会的规定，团体赛必须出现。 |
| 世界羽毛球元老锦标赛 | 颜色不要求明显不同 | 颜色不要求一致 | 颜色不要求明显不同 | 建议出现 | 不要求出现 |
| 超级系列赛 | 正赛——颜色必须明显不同 | 正赛——颜色必须一致 | 正赛——颜色必须明显不同 | 必须出现 | 不要求出现 |
| 大奖赛 | 自 1/4 决赛起——颜色必须明显不同 | 自 1/4 决赛起——颜色必须一致 | 自 1/4 决赛起——颜色必须明显不同 | 必须出现 | 不要求出现 |
| 世界锦标赛 | 颜色必须明显不同 | 颜色必须一致 | 颜色必须明显不同 | 必须出现 | 不要求出现 |

续表 2-6-1

| 比赛名称 | 单打运动员的短袖运动上衣、短裙和短裤的颜色和款式 | 配对双打运动员的短袖运动上衣、短裙和短裤的颜色和款式 | | 短袖运动上衣背面的运动员姓名 | 短袖运动上衣背面的国家（地区）名称 |
|---|---|---|---|---|---|
| | 对方运动员要求穿着颜色明显不同的服装 | 配对运动员要求穿着颜色一致的服装 | 对方运动员要求穿着颜色明显不同的服装 | | |
| 世界青年单项锦标赛(Eye Level 杯) | 颜色必须明显不同 | 颜色必须一致 | 颜色必须明显不同 | 必须出现 | 不要求出现 |
| 汤姆斯杯<br>尤伯杯 | 分区赛——建议颜色明显不同<br>决赛阶段——颜色必须明显不同<br>同队运动员必须穿着统一颜色和款式的服装 | 分区赛——建议颜色一致<br>决赛阶段——颜色必须一致<br>同队运动员必须穿着统一颜色和款式的服装 | 分区赛——建议颜色明显不同<br>决赛阶段——颜色必须明显不同<br>同队运动员必须穿着统一颜色和款式的服装 | 分区赛——不要求出现或依据洲联合会的规定<br>决赛阶段——必须出现 | 必须出现 |
| 苏迪曼杯 | 颜色必须明显不同<br>同队运动员必须穿着统一颜色和款式的服装 | 颜色必须一致<br>同队运动员必须穿着统一颜色和款式的服装 | 颜色必须明显不同<br>同队运动员必须穿着统一颜色和款式的服装 | 顶级组必须出现，其他组别不要求出现 | 必须出现 |

续表 2-6-2

| 比赛名称 | 单打运动员的短袖运动上衣、短裙和短裤的颜色和款式 | 配对双打运动员的短袖运动上衣、短裙和短裤的颜色和款式 | | 短袖运动上衣背面的运动员姓名 | 短袖运动上衣背面的国家（地区）名称 |
|---|---|---|---|---|---|
| | 对方运动员要求穿着颜色明显不同的服装 | 配对运动员要求穿着颜色一致的服装 | 对方运动员要求穿着颜色明显不同的服装 | | |
| 世界青年团体锦标赛（苏翰迪纳塔杯） | 颜色必须明显不同<br>同队运动员必须穿着统一颜色和款式的服装 | 颜色必须一致<br>同队运动员必须穿着统一颜色和款式的服装 | 颜色必须明显不同<br>同队运动员必须穿着统一颜色和款式的服装 | 必须出现 | 必须出现 |
| 奥运会羽毛球赛 | 颜色必须明显不同<br>首选短袖运动上衣的颜色需在赛前登记 | 颜色必须一致<br>首选短袖运动上衣的颜色需在赛前登记 | 颜色必须明显不同<br>首选短袖运动上衣的颜色需在赛前登记 | 必须出现<br>姓名应予登记以保证与记分牌上姓名相符 | 国家奥委会名称必须出现 |

# 8 广　告

8.1 在所有世界羽联批准的比赛（包括由其主办的比赛）中，每件服装的广告必须符合以下 8.2 至 8.5 的规定。该规定适用于综合运动会，除非综合运动会的组织者（如奥运会的国际奥委会）对该规定提出特定的变更，则按组织者的规定执行。

8.2 短袖运动上衣可以有符合 8.2.1 至 8.2.3 规定的广告。

8.2.1 广告可以在以下位置出现：左袖、右袖、左肩、右肩、左领、右领、右胸、左胸和前胸中央。每个广告面积不得超出 20 平方厘米。除短袖上衣正面外，每处只能有一个广告；广告总数不得超出 5 个。按本规定，国旗或国徽视为一个广告包括在内。

8.2.2 除以上规定的广告外，还可出现一个非商业性的世界羽联标志，该标志由世界羽联限定（比如，世界羽联徽标，诚信运动徽标，或者类似的徽标）。该标志不得超过 20 平方厘米，且必须遵循世界羽联对该标志的限定。该标志可出现在如下未有广告、国旗或国徽的任一位置：左袖、右袖、左肩、右肩、左领、右领、右胸、左胸和前胸中央。

8.2.3 带状广告可以是一个宽度统一的带状图案，正面宽度不超过 10 厘米，背面宽度不超过 5 厘米，可以任意角度印在短袖运动上衣的正面、背面或双面。

8.2.4 如果裁判长认为，符合 8.2.3 的广告内容与比赛赞助商或电视转播的要求冲突，或触及当地法律，或具有攻击性，裁判长可限定短袖运动上衣上的广告按 8.2.1 执行。

8.3 其他服装。

8.3.1 每只袜子上允许有二个各不超过 20 平方厘米的广告。

8.3.2 只要运动员比赛时所穿鞋子的品牌和型号在赛前至少三个月已在市场公开销售，则该鞋子上允许有广告。

8.3.3 其他每件比赛服装上允许有一个不超过 20 平方厘米的广告。

8.3.4 运动员穿在运动上衣、短裤、短裙或连衣裙里面的服装应视为“内衣”，不列入“其他服装”范畴；如可见，不得出现广告。

8.4 广告限制。

8.4.1 本节 8.2 和 8.3 规定的广告可以是服装制造商的标志，也可以是其他赞助者的标志。

8.4.2　每个广告应仅是一个机构或产品的广告。

8.4.3　广告应遵守国际奥林匹克委员会准则，不得含有任何政治、宗教和非商业商标、注册商标或贸易商标（如“我没有赞助商，我很好”等等）。

8.4.4　身体上有纹身、绘画、转印图画或类似物的运动员，其纹身、绘画或转印图画不得展现任何非法、诽谤或商业性质的内容，或另有违反 8.4.3 所述有关服装广告的规定。

8.4.5　禁止涉及烟草公司和烟草产品的广告。

8.5　综合性运动会（如奥运会），主办者可以对运动员比赛服装上的广告另行规定。

8.6　会员协会的广告。

8.6.1　各会员协会的广告可以出现在其运动员的运动短裤或裙子的较低位置，面积不超过 50 平方厘米。

8.6.2　该处只可出现某会员协会的标识或其赞助商的广告。但须符合本节 8.4.2 的要求。

8.6.3　如会员协会不使用该处，则该处不得出现任何别的广告。

8.6.4　同一会员协会运动员的运动短裤或裙子上的这类广告标志必须一致。

8.6.5　凡使用这类广告的会员协会必须得到世界羽联的书面批准。世界羽联 1 月份邀请会员协会提出申请。但会员协会可以在全年任何时候提出申请。任何申请都必须至少于赛前 2 个月提出，并获得批准，方可使用。

8.7　未提供裁判制服时的裁判员服装规定

8.7.1　世界羽联 2 级、3 级、4 级赛事和国际青年赛事

8.7.1.1　裁判员须自带制服，含黑色长裤或短裙、带口袋的黑色有领衬衫、黑袜子和黑鞋。

8.7.1.2　上衣仅允许出现制造商的商标一个和额外广告一个，每个徽标不得大于 20 平方厘米。

8.7.1.3　如果世界羽联判定 8.7.1.2 所规定的广告内容与赛事赞助商或电视转播公司有冲突，或广告的内容会触犯当地法律或会被视为冒犯，则世界羽联可以对该上衣的广告进行限制。

8.7.1.4 上衣仅允许出现与裁判员级别对应的世界羽联徽标或洲联合会徽标或会员协会徽标一个。该徽标反映裁判员各自获得的B级或A级裁判员级别，由各相关组织提供给裁判员。该徽标不得大于20平方厘米。

注：国内比赛的运动员比赛服装，按照中国羽协规定或竞赛规程执行。

# 十二、比赛用表

## 1. 羽毛球团体赛出场名单表

表 2-7 （ ）子团体赛出场名单表

组别____ 日期____ 时间____ 场号____

____队，服装颜色：（ ）对 ____队，服装颜色：（ ）

| 顺序 | 项目 | 运动员姓名 |
| --- | --- | --- |
| 1 | | |
| 2 | | |
| 3 | | |
| 4 | | |
| 5 | | |

队名____ 教练员签名____

## 2. 混合团体赛出场名单表

表 2-8 混合团体赛出场名单表

组别______ 日期______ 时间______ 场号______

______队，服装颜色：（ ）对______队，服装颜色：（ ）

| 顺序 | 项目 | 运动员姓名 |
| --- | --- | --- |
| 1 | 男子单打 | |
| 2 | 女子单打 | |
| 3 | 男子双打 | |
| 4 | 女子双打 | |
| 5 | 混合双打 | |

队名______ 教练员签名______

## 3. 团体赛记分表

表 2-9 （　）团体赛记分表

______队
对
______队

| 阶 段 | 组别（位置号） | 日 期 | 时 间 | 场 号 |
|---|---|---|---|---|
| | | | | |

| 项目 | 姓名 / 单位 | 队 | 队 | 每局比分 1 | 每局比分 2 | 每局比分 3 | 每场结果 | 裁判员签名 |
|---|---|---|---|---|---|---|---|---|
| 1 | | | | | | | | |
| 2 | | | | | | | | |
| 3 | | | | | | | | |
| 4 | | | | | | | | |
| 5 | | | | | | | | |

比赛结果______　获胜队______　教练员签名______

## 4. 羽毛球比赛记分表

表 2-10 羽毛球比赛记分表

项　目：______

比赛号：______

日　期：______

时　间：______

比分

场地号：______

裁判员：______

发球裁判员：______

开始时间：____　结束时间：____

比赛用时：______（分）

用球数：____

裁判员______　裁判长______

# 十三、兴奋剂检测

参加羽毛球比赛的运动员，必须遵守反兴奋剂法规，严禁使用兴奋剂。

# 第三章

# 羽毛球比赛行为规范

# 一、教练员、随队官员行为规范

1 本规范所言之教练员、随队官员，是指一场比赛进行中，在教练员席就坐的，作为教练员身份或随队官员身份的任何人。

2 教练员、随队官员，在比赛内场：

2.1 衣着应得体，应穿着队服或衬衫或套头衫，长裤或长裙。不得穿着牛仔裤、拖鞋、凉鞋、沙滩裤、短裤等。衣着是否得体，由裁判长认定。

2.2 应坐在场地两端，位于其运动员后方的指定座椅上（规定的间歇时间除外）；如果教练员需到另一场地，必须在死球后才能走动。

2.3 未成死球前，不得进行指导或以任何方式分散对方运动员的注意力或干扰比赛；

2.4 不论以何种方式指导，都不得延误比赛；

2.5 在规定的间歇期间，当裁判员宣报 20 秒时，必须立即回到指定的座椅就坐。

2.6 不得以不礼貌言语、谩骂或以任何方式如喊叫、做手势威胁任何观众、赛会官员、技术官员、对方教练员、对方随队官员、对方运动员，或以任何方式分散他们的注意力；

2.7 不得试图以任何方式与对方运动员或教练员或随队官员交流；或以任何目的使用如手机、手提电脑或类似的电子设备。

2.8 不得以或试图以任何方式与观众、赛会官员、技术官员，对方教练员、随队官员、运动员，进行不愉快、不礼貌或威胁性的身体接触；

2.9 不得在赛前、赛中或赛后，通过媒体发表暗含对赛事官员、技术官员、对方教练员、对方随队官员和对方运动员个人偏见的评论，或质疑他们正直诚信的评论，而损害本项目的声誉。

## 3 处　罚

3.1 如果教练员、随队官员：

3.1.1 在未成死球前（2.3 规定），不论以何种方式，试图向运动员传递信息，裁判员都必须宣报“重发球”（“规则”14.2.5）。再次出现该情况，裁判员应立即召唤裁判长。

3.2 如果教练员、随队官员：

3.2.1 衣着不得体（2.1 规定）；

3.2.2 比赛进行中，未能保持坐在座椅上（2.2 规定）；

3.2.3 试图延误比赛（2.4 规定）；

3.2.4 20 秒已宣报，却没有回到指定座椅上（2.5 规定）；

3.2.5 以任何方式谩骂、威胁赛会官员、技术官员、其他教练员、随队官员、对方运动员或分散他们的注意力（2.6 规定）；

3.2.6 在一场比赛中，不论以何种方式，试图与对方运动员、教练员、随队官员交流（2.7 规定）；裁判员必须给违犯的教练员、随队官员口头警告。

3.3 如果再次违犯同于 3.1 所列违犯行为或违犯 3.2 所列任一违犯行为，裁判员必须召唤裁判长。裁判长可以让该教练员、随队官员离开比赛内场。

3.4 如果严重违犯行为规范或有身体接触（2.8 规定），裁判员必须召唤裁判长。裁判长可以让该违犯教练员或随队官员离开比赛场地，并可不允许该教练员或随队官员进入余下赛事的比赛内场。

3.5 如果裁判长执行了如上 3.4 所述规定，在该场比赛中，该教练员、随队官员的位置不得由任何其他教练员、随队官员替代。

3.6 如果世界羽联判定违犯 2.9 规定，相关官员所在单位将被处罚 500 美元，并需对所作评论做出解释。一旦世界羽联作出上述决定，则将实施进一步的处罚。如：在规定的的期限或某些比赛项目禁止其进入比赛内场。

4 屡次或严重违犯该行为规范的，裁判长必须视违犯的严重程度以裁判长报告或事件报告表的形式立刻呈报世界羽联。

## 5 赌　博

5.1 任何将要参与或正参与其中的，与赛事有关的一切有价赌博行为的人，不管其以何种注册身份参与，都将受到纪律处罚，包括被告发有此违犯行为的教练员、随队官员都将被处以罚金和暂时取消资格。

6 凡违犯第 3 至 5 条款，或违犯世界羽联《竞赛通用规程》附录 5《涉及赌博和非正常比赛结果的参与者行为规范》的任何教练员、随队官员均视为已违犯本行为规范。违犯本行为规范的教练员、随队官员将为此受到本规范“处罚规定”的纪律处罚。该纪律处罚将致违犯教练员或随队官员受到罚款，或在规定的期限或项目数内禁止进入赛场或比赛内场。

# 二、运动员行为规范

## 1 目 的

本规范之目的为：

1.1 确保对世界羽联批准的赛事进行有序、公平的管理，保护运动员、世界羽联、赞助商和公众的权益。

1.2 维护世界羽联的声誉和世界范围内羽毛球运动的完好形象。

## 2 适用范围

2.1 本规范适用于所有世界羽联批准的赛事及参赛运动员。

2.2 所有运动员在任何时候都应遵守行为规范和羽毛球竞赛规则。每个报名或被提名参加世界羽联批准赛事的运动员，都必须接受本规范、竞赛规程和羽毛球竞赛规则，并受其约束。

2.3 凡违犯世界羽联《竞赛通用规程》有关运动员参赛和肖像权规定的运动员，将被视为违犯本规范。违犯本规范的运动员将受到处罚。

## 3 违反参赛规定

### 3.1 过迟退出比赛

无论是预赛还是正赛，在抽签结果公布后，没有出具有效的伤、病、丧亲或者其他紧急事故的证明而退出比赛。

### 3.2 参加另一赛事

运动员已经获准参加世界羽联批准的某一赛事（无论是预赛还是正赛），却在该赛事期间参加另一赛事。

### 3.3 宣布因伤退出比赛后又参加比赛

运动员因伤、病原因退出一项即将举行的赛事后，却在其宣布伤、病之日起至该赛事结束期间，参加另一赛事。

### 3.4 提前离开赛会

作了导致无法参加赛程安排的比赛或影响其接受兴奋剂检测、履行媒体义务和出席颁奖仪式等安排。

## 4 运动员赛区不端行为

### 4.1 不当行为

4.1.1 在世界羽联批准的赛事区域内，在任何一场比赛中，任何时间内，运动员未表现出一个运动员应有的符合体育道德风尚的行为举止。

4.1.2 一场比赛前、赛间及赛后，没有遵从友好礼节。如在离开比赛场地前，运动员没有向对方和裁判员握手致谢便与教练员或观众庆贺。

### 4.2 服装违规

4.2.1 运动员在比赛时衣着不洁、不整。

4.2.2 违犯羽毛球参赛有关服装和广告的规定。

### 4.3 不打完一场比赛

比赛中，运动员无故不打完一场比赛。

### 4.4 运动员比赛迟到而致“未出场比赛”

### 4.5 消极比赛

运动员未尽全力赢得比赛。

### 4.6 试图干扰技术官员

运动员试图用手臂、手、球拍或语言干扰技术官员的裁决。

### 4.7 寻求场外指导

比赛进行中寻求场外指导。比赛进行中运动员与教练员之间的任何语言或动作的交流，都可视为场外指导（“规则”允许的情况除外）。

### 4.8 不履行媒体义务

运动员如未按媒体经理或赛事其他官员要求参加以下相关活动的，将视为不履行媒体义务：

4.8.1 运动员缺席在其第一场比赛（不论单打还是双打比赛）前一天举行的赛前新闻发布会，或在赛事期间举行的任何专题新闻发布会。

4.8.2 一场比赛结束后，不论输赢，运动员不接受赛后即进行的现场媒体采访，或按照指令在电视摄影机的摄影范围内完成其签名（或赛后类似的活动）。

4.8.3 在不影响准备下一场比赛的前提下，不论胜者还是负者，在赛后30分钟内未出席每场比赛结束后组织的赛后新闻发布会或采访（伤、病除外）。出席的时间不少于25分钟。

4.8.4 未按要求出席为宣传运动员正参加或即将参加的赛事，或为整个羽毛球运动而进行的电视演播室采访。如果该演播室采访是在赛场外进行，则最好安排在运动员当天最后一场比赛结束以后或在其无比赛日进行。

4.8.5 未接受“一对一”电视采访（每个赛事最多四次）。世界羽联有权决定其中两次此类采访，其余的则应在征得运动员的同意下进行。

4.8.6 未能协助宣传某一赛事乃至整个项目。（运动员必须乐于应邀参加至少一个不超过1小时的适当活动，如亲笔签名，参与“会见公众”的问答活动等）。

4.8.7 所有的活动应最好安排在运动员比赛结束后的同一天，但如果运动员的比赛是在晚上6点以后，则媒体活动可以安排在同一天的中午12点之前。训练不能成为缺席的理由。

**4.9 运动员对世界羽联赞助商的义务**

如有要求，所有运动员都必须参加：

4.9.1 友好访问，亲笔签名或其他与赞助商有关的类似活动，此类活动每个赛事最多2次，最长20分钟。

4.9.2 拍照机会——每年至少一次的拍照机会。每次此类的拍照机会应征得世界羽联和运动员的共同同意，且应在运动员正参加的赛事期间组织进行。

4.9.3 世界羽联超级系列赛冠名赞助商的媒体活动和赞助商活动——每年至少2次。

**4.10 违犯颁奖礼仪**

运动员参加决赛而不参加赛后马上进行的颁奖典礼或参加时，未按组织者的要求着装（如长袖运动衣裤、制服）。

**4.11 语言不文明**

语言不文明且声音清晰响亮，并被裁判员或观众听见。

**4.12 举止不礼貌**

用手、球拍或球，做出的不文明或冒犯的姿势或手势。

4.13 **肆意损坏球**

4.13.1 有意将球危险或随意地击打在场内或场外，不顾后果地击球或故意损坏球。

4.13.2 故意损坏球以改变球的飞行或速度。

4.14 **肆意破坏球拍或设备**

比赛中，故意猛烈地损坏球拍或其他器材，或者故意猛烈击打球网、场地、裁判椅或其他固定设备。

4.15 **语言伤害**

在赛区内，针对技术官员、对手、观众或其他人员使用具有欺骗或诋毁、侮辱性的语言或其他污言秽语。

4.16 **身体侵犯**

对技术官员、对手、观众或其他人员的身体侵犯。包括未经许可的对上述人员的身体接触均视为身体侵犯。

4.17 **违犯体育道德风尚**

运动员做出明显违反体育道德风尚的行为。

## 5 教育活动

5.1 如有要求，所有世界羽联排名前50位的运动员都必须在一年内参加一天最多8小时，或2天每天最多4小时的教育活动。世界羽联将在运动员所参加的赛事现场安排教育课程。

## 6 运动员主要违犯行为

6.1 **损坏项目形象**

运动员做出破坏羽毛球运动形象的行为。运动员在任何一个国家做出了违犯法律的犯罪行为，受到包括坐牢的处罚，则视该运动员破坏了羽毛球运动的良好形象。此外，运动员无论何时只要严重损害了体育运动的声誉，亦可视为破坏了羽毛球运动的良好形象。

6.2 **赌　博**

将要参与或正参与其中的，与赛事有关的一切有价赌博行为。

6.3 **行贿和受贿**

在世界羽联批准的赛事中，任何人提供、给予、要求和接受或同意提供、给予、要求和接受任何人的任何有价财物，试图影响运动员的比赛进程或结果的行为。

# 三、处罚规定

## 1 处 罚

1.1 任何违犯了《羽毛球比赛行为规范》的运动员、教练员或随队官员，将被处以规定的罚金。该罚金由世界羽联保留。

1.2 该规定所涵盖的具体违犯类别及应征罚金如下：

1.3 对违犯行为的处罚，应以该赛事的裁判长报告为依据。

1.4 裁判长应就出现的在《运动员行为规范》和《教练员随队官员行为规范》规定中，导致运动员或随队官员被取消资格的不端行为，呈送相应的报告。

1.5 在世界羽联批准的任何赛事中，任何被判黑牌的运动员（队），都将被取消该赛事中的所有项目的比赛资格（如果是团体锦标赛，则指取消随后场次的比赛和团体赛的比赛资格）。

1.6 在收到涉及某运动员或在《教练员随队官员行为规范》中界定的某一人员被判黑牌或不端行为的报告后，世界羽联应立即按处罚规定启动处罚程序。

1.7 如果会员协会在收到原始缴费清单60天内未缴交退赛费或罚款，则该会员协会将被禁止报送运动员参加所有世界羽联批准的赛事。

1.8 允许该会员协会在4周内，向纪律委员会就任何处罚提出申诉。纪律委员会将对所有有用信息进行审查，并做出最终裁决。如果能向纪律委员会证明导致处罚的违犯行为，是因运动员所能控制之外的不可抗力或运动员所能控制之外的任何原因所致，则可以免除处罚。

表 3－1　处罚规定

| 违犯行为 | 处罚类别 | 处罚范围 | 罚金数额 |
| --- | --- | --- | --- |
| 一个赛历年中，6 月内 3 次或超过 3 次退出世界羽联批准的赛事，包括违犯《运动员行为规范》3.1 规定——过迟退出比赛。 | 除正常退赛费外的附加处罚 | 第三次退赛；<br>此后的每次退赛 | 1,000 美元<br>500 美元 |
| 违犯《运动员行为规范》3.2 规定——参加另一赛事：运动员已经获准参加世界羽联批准的某一赛事（无论是预赛还是正赛），却在该赛事期间参加另一赛事。 | | 第一次违犯；<br>此后每次违犯 | 250 美元<br>500 美元 |
| 违犯《运动员行为规范》3.3 规定——宣布因伤退出比赛后又参加比赛：运动员因伤病原因退出一项即将举行的赛事后，却在其宣布伤病之日起至该赛事结束期间参加另一赛事。 | | 第一次违犯；<br>此后每次违犯 | 250 美元<br>500 美元 |
| 违犯《运动员行为规范》3.4 规定——提前离开赛会：作了导致无法参加赛程安排的比赛或影响其接受兴奋剂检测、履行媒体义务和出席颁奖仪式等安排。 | | 第一次违犯；<br>此后每次违犯 | 250 美元<br>500 美元 |
| 违犯《运动员行为规范》4.1.2 规定——不当行为<br>没有遵守友好礼节。 | | 每次违犯 | 100 美元 |
| 违犯《运动员行为规范》4.3 规定——不打完一场比赛：比赛进行中，运动员无故不打完一场比赛。 | | 第一次违犯；<br>此后每次违犯 | 250 美元<br>500 美元 |
| 违犯《运动员行为规范》4.4 规定——比赛迟到：运动员比赛迟到而致“未出场比赛”。 | | 第一次违犯；<br>此后每次违犯 | 250 美元<br>500 美元 |

续表

| 违犯行为 | 处罚类别 | 处罚范围 | 罚金数额 |
|---|---|---|---|
| 违犯《运动员行为规范》4.8 规定——不履行媒体义务：<br>● 运动员缺席在其第一场比赛（不论单打还是双打比赛）前一天举行的赛前新闻发布会。<br>● 一场比赛结束后，不论输赢，运动员不接受赛后即进行的现场媒体采访。<br>● 在不影响准备下一场比赛的前提下，不论胜者还是负者，不出席每场比赛结束后组织的赛后新闻发布会（伤病除外）。<br>● 未能协助宣传某一赛事乃至整个项目。运动员必须乐于应邀参加至少一个不超过 1 小时的适当活动（如亲笔签名，参与“会见公众”，问答活动等）。 | | 第一次违犯：<br>● 排名前 50 者（第一份报名排名报告）<br>● 排名 50 以后者（第一份报名排名报告）<br>此后每次违犯：<br>● 排名前 50 者（第一份报名排名报告）<br>● 排名 50 以后者（第一份报名排名报告） | 500 美元<br>250 美元<br>750 美元<br>500 美元 |
| 违犯《运动员行为规范》4.10 规定——违反颁奖礼仪：运动员参加决赛而不参加赛后马上进行的颁奖典礼或参加时，未按组织者的要求着装（如长袖运动衣裤、制服）。 | | 第一次违犯；<br>此后每次违犯 | 250 美元<br>500 美元 |
| 违犯《竞赛通用规程》25.1.4 规定<br>赛事中，“未出场比赛”参加某项比赛。 | | 第一次违犯<br>此后每次违犯 | 500 美元<br>1000 美元 |
| 一个赛历年中，在世界羽联批准的任何赛事中被判罚黄牌。 | | 第三张黄牌；<br>此后每张黄牌 | 500 美元<br>250 美元 |
| 未遵守世界羽联《竞赛通用规程》19 – 23 条款有关服装规定。 | | 每次违犯 | 250 美元 |

续表

| 违犯行为 | 处罚类别 | 处罚范围 | 罚金数额 |
| --- | --- | --- | --- |
| 一个队未遵守世界羽联《竞赛通用规程》19－23条款有关服装规定。 | | 每次违犯 | 500美元 |
| 违犯《教练员随队官员行为规范》:<br>教练员、随队官员在未成死球前，不得进行指导或以任何方式分散对方运动员的注意力或干扰比赛。<br>3.2.1 衣着不得体（2.1规定）；<br>3.2.2 比赛进行中，未能保持坐在座椅上（2.2规定）；<br>3.2.3 试图延误比赛（2.4规定）；<br>3.2.4 20秒已宣报，却没有回到指定座椅上（2.5规定）；<br>3.2.5 以任何方式谩骂、威胁赛会官员、技术官员、其他教练员、随队官员、对方运动员或分散他们的注意力（2.6规定）；<br>3.2.6 在一场比赛中，不论以何种方式，试图与对方运动员、教练员或随队官员交流（2.7规定）；<br>违犯《教练员随队官员行为规范》——反赌球规定。<br>违犯规范2.9有关通过媒体评论而损害本项目声誉的规定。 | | 第一次违犯；<br>此后每次违犯 | 250美元<br>500美元 |
| 在世界羽联批准的任何赛事中被判罚红牌。 | | 红牌 | 500美元 |
| 未按要求出席新闻发布会。 | | 每次缺席 | 250美元 |
| 未出席裁判长和赛事管理部门组织的会议。 | | 每次缺席 | 250美元 |
| 一个队有超出10个以上的运动员退出任何一项赛事。 | | 每次如此退赛 | 1,000美元 |

续表

| 违犯行为 | 处罚类别 | 处罚范围 | 罚金数额 |
| --- | --- | --- | --- |
| 不出席领队会议，且未向组委会报告而整队退出比赛。 | 将受到除退赛费及每个队员应缴的罚金外的额外处罚。并启动纪律处罚程序。 | 每次如此退赛 | 1,000 美元 |
| 违犯世界羽联《竞赛通用规程》第 10.2.2 规定——运动员参加一项未经世界羽联批准的赛事或表演赛。 | | 每次参赛 | 500 美元 |
| 在同一周内报名参加世界羽联批准的两个赛事<br>《竞赛通用规程》5.5 | 丧失运动员（对）在这些赛事中所获得的任何世界排名积分 | | |

# LAWS OF BADMINTON

## DEFINITIONS

| | |
|---|---|
| Player | Any person playing Badminton. |
| Match | The basic contest in Badminton between opposing sides each of one or two players. |
| Singles | A match where there is one player on each of the opposing sides. |
| Doubles | A match where there are two players on each of the opposing sides. |
| Serving side | The side having the right to serve. |
| Receiving side | The side opposing the serving side. |
| Rally | A sequence of one or more strokes starting with the service, until the shuttle ceases to be in play. |
| Stroke | A movement of the player's racket with an intention to hit the shuttle. |

*The clauses in italics apply to Para-badminton only.*

## 1 COURT AND COURT EQUIPMENT

1.1 The court shall be a rectangle marked out with lines 40 mm wide as shown in Diagram A.

1.1.1 *The court for Wheelchair Badminton shall be as shown in Diagrams D and E, respectively.*

1.1.2 *For Standing Badminton classes playing half-court the court for singles shall be as shown in Diagram F.*

1.2 The lines marking out the court shall be easily distinguishable and preferably be coloured white or yellow.

1.3 All the lines shall form part of the area which they define.

1.4 The posts shall be 1.55 metres in height from the surface of the court and shall remain vertical when the net is strained as provided in Law 1.10.

1.5 The posts shall be placed on the doubles side lines as in Diagram A irrespective of whether singles or doubles is being played. The posts or its supports shall not extend into the court beyond the side lines.

1.6 The net shall be made of fine cord of dark colour and even thickness with a mesh of not less than 15 mm and not more than 20 mm.

1.7 The net shall be 760 mm in depth and at least 6.1 metres wide.

1.8 The top of the net shall be edged with a 75 mm white tape doubled over a cord or cable running through the tape. This tape shall rest upon the cord or cable.

1.9 The cord or cable shall be stretched firmly, flush with the top of the posts.

1.10 The top of the net from the surface of the court shall be 1.524 metres at the centre of the court and 1.55 metresover the side lines for doubles.

*For Wheelchair Badminton this clause is experimental until and including the Para-badminton World Championships* 2013.

1.11 There shall be no gaps between the ends of the net and the posts. If necessary, the full depth of the net at the ends shall be tied to the posts.

# 2 SHUTTLE

2.1 The shuttle shall be made of natural and/or synthetic materials. From whatever material the shuttle is made, the flight characteristics generally shall be similar to those produced by a natural feathered shuttle with a cork base covered by a thin layer of leather.

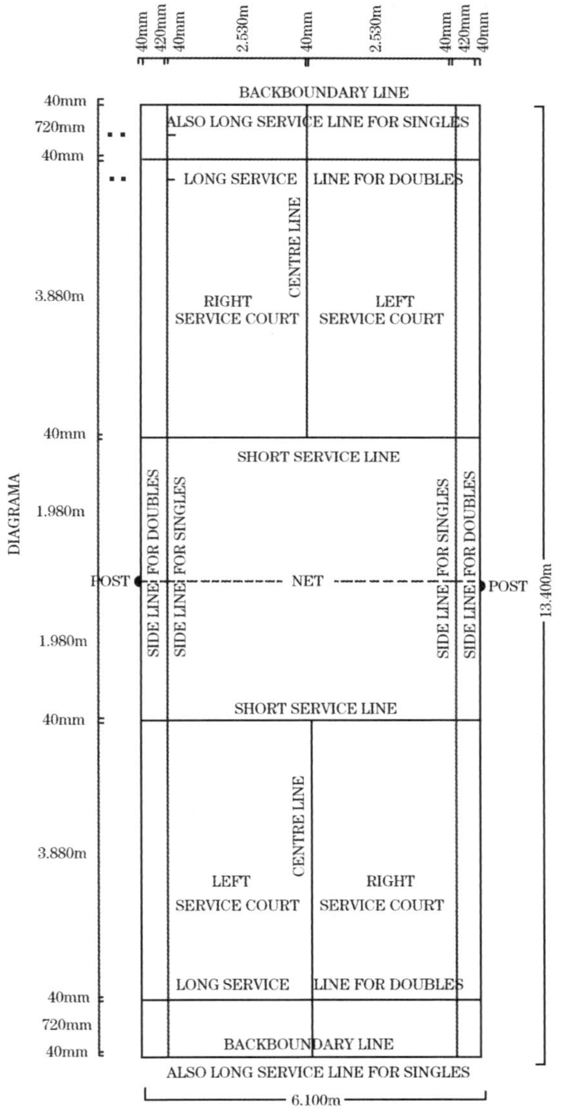


Note: (1) Diagonal length of full court = 14.723m

(2) Court as shown above can be used for both singles and doubles play

(3) * * Optional testing marks as shown in Diagram B.

### 2.2 Feathered Shuttle

2.2.1 The shuttle shall have 16 feathers fixed in the base.

2.2.2 The feathers shall have a uniform length between 62 mm to 70 mm when measured from the tip to the top of the base.

2.2.3 The tips of the feathers shall lie on a circle with a diameter from 58 mm to 68 mm.

2.2.4 The feathers shall be fastened firmly with thread or other suitable material.

2.2.5 The base shall be 25 mm to 28 mm in diameter and rounded on the bottom.

2.2.6 The shuttle shall weigh from 4.74 to 5.50 grams.

### 2.3 Non-Feathered Shuttle

2.3.1 The skirt, or simulation of feathers in synthetic materials, shall replace natural feathers.

2.3.2 The base shall be as described in Law 2.2.5.

2.3.3 Measurements and weight shall be as in Laws 2.2.2, 2.2.3 and 2.2.6. However, because of the difference in the specific gravity and other properties of synthetic materials in comparison with feathers, a variation of up to 10 per cent shall be acceptable.

2.4 Subject to there being no variation in the general design, speed and flight of the shuttle, modifications in the above specifications may be made with the approval of the Member Association concerned, in places where atmospheric conditions due to either altitude or climate make the standard shuttle unsuitable.

## 3 TESTING A SHUTTLE FOR SPEED

3.1 To test a shuttle, a player shall use a full underhand stroke which makes contact with the shuttle over the back boundary line. The shuttle shall be hit at an upward angle and in a direction parallel to the side lines.

3.2 A shuttle of correct speed will land not less than 530 mm and not more than 990 mm short of the other back boundary line as in Diagram B.

## 4 RACKET

4.1 The racket shall be a frame not exceeding 680 mm in overall length and 230

DIAGRAMB

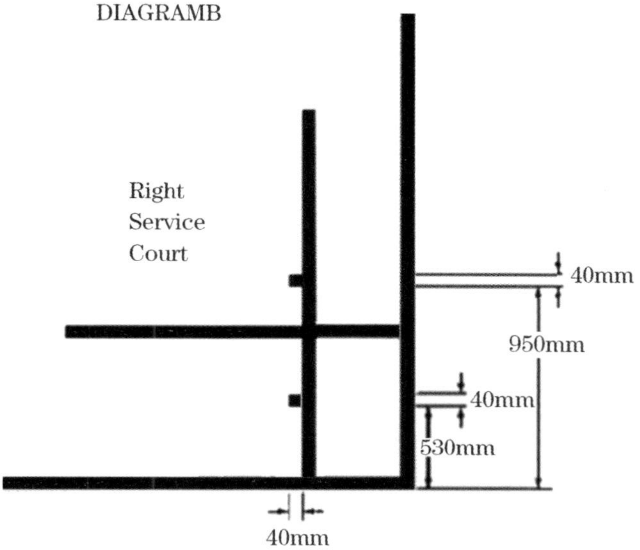


mm in overall width consisting of the main parts described in Laws 4. 1. 1 to 4. 1. 5 as illustrated in Diagram C.

4. 1. 1 The handle is the part of the racket intended to be gripped by a player.

4. 1. 2 The stringed area is the part of the racket with which it is intended that a player hits the shuttle.

4. 1. 3 The head bounds the stringed area.

4. 1. 4 The shaft connects the handle to the head (subject to Law 4. 1. 5).

4. 1. 5 The throat (if present) connects the shaft to the head.

## 4. 2 The stringed area:

4. 2. 1 shall be flat and consist of a pattern of crossed strings either alternately interlaced or bonded where they cross. The stringing pattern shall be generally uniform and, in particular, not less dense in the centre than in any other area; and

4. 2. 2 shall not exceed 280 mm in overall length and 220 mm in overall width. However, the strings may extend into an area which otherwise would be the throat, provided that:

DIAGRAMC

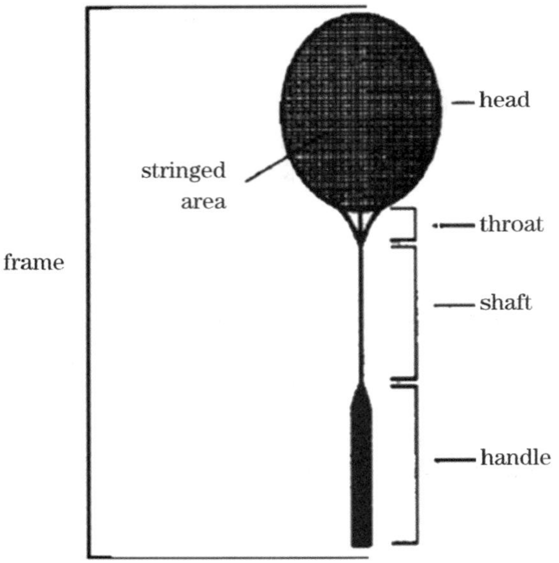


4.2.2.1 the width of the extended stringed area does not exceed 35 mm; and

4.2.2.2 the overall length of the stringed area does not then exceed 330 mm.

### 4.3 The racket:

4.3.1 shall be free of attached objects and protrusions, other than those used solely and specifically to limit or prevent wear and tear, or vibration, or to distribute weight, or to secure the handle by cord to the player's hand, and which are reasonable in size and placement for such purposes; and

4.3.2 shall be free of any device that makes it possible for a player to change materially the shape of the racket.

## 5 EQUIPMENT AND COMPLIANCE

### 5.1 Compliance

The Badminton World Federation shall rule on any question of whether any racket, shuttle or equipment or any prototype used in the playing of Badminton complies with the specifications. Such ruling may be undertaken on the Federation's initiative or on application by any party with a bona fide interest, including any player, technical official, equipment manufacturer or Member Association or member thereof.

5. 2 *Additional equipment for Para-badminton*

*For Para-badminton, a wheelchair or a crutch may be used.*

5. 2. 1 *A player's body may be fixed to the wheelchair with an elastic belt.*

5. 2. 2 *A wheelchair may be equipped with supporting wheels, which may extend beyond the main wheel.*

5. 2. 3 *The player's feet must be fixed to the footrest of the wheelchair.*

# 6 TOSS

6. 1 Before play commences, a toss shall be conducted and the side winning the toss shall exercise the choice in either Law 6. 1. 1 or 6. 1. 2:

6. 1. 1 to serve or receive first;

6. 1. 2 to start play at one end of the court or the other.

6. 2 The side losing the toss shall then exercise the remaining choice.

# 7 SCORING SYSTEM

7. 1 A match shall consist of the best of three games, unless otherwise arranged (Part II Section 1B Appendix 2 and 3).

7. 2 A game shall be won by the side which first scores 21 points, except as provided in Law 7. 4 and 7. 5.

7. 3 The side winning a rally shall add a point to its score. A side shall win a rally, if the opposing side commits a 'fault' or the shuttle ceases to be in play because it touches the surface of the court inside the opponent's court.

7. 4 If the score becomes 20-all, the side which gains a two point lead first, shall win that game.

7. 5 If the score becomes 29-all, the side scoring the 30th point shall win that game.

7. 6 The side winning a game shall serve first in the next game.

## 8 CHANGE OF ENDS

8.1 Players shall change ends:

8.1.1 at the end of the first game;

8.1.2 at the end of the second game, if there is to be a third game; and

8.1.3 in the third game when a side first scores 11 points.

8.2 If the ends are not changed as indicated in Law 8.1, it shall be done so as soon as the mistake is discovered and when the shuttle is not in play. The existing score shall stand.

## 9 SERVICE

9.1 In a correct service,

9.1.1 neither side shall cause undue delay to the delivery of the service once the server and the receiver are ready for the service;

9.1.2 On completion of the backward movement of server's racket head, any delay in the start of the service (Law 9.2), shall be considered to be an undue delay;

9.1.3 the server and the receiver shall stand within diagonally opposite service courts (Diagram A) without touching the boundary lines of these service courts;

9.1.3.1 *In Para-badminton Wheelchair and Standing Classes playing half-court, Diagram D and F, respectively, apply.*

9.1.4 some part of both feet of the server and the receiver shall remain in contact with the surface of the court in a stationary position from the start of the service (Law 9.2) until the service is delivered (Law 9.3);

9.1.4.1 *In Wheelchair Badminton: from the start of the service and until the service is delivered, the wheels of the server and the receiver must be stationary, except the natural counter movement of the server's wheelchair.*

9.1.5 the server's racket shall initially hit the base of the shuttle;

9.1.6 the whole shuttle shall be below the server's waist at the instant of being hit by the server's racket. The waist shall be considered to be an imaginary line round the body, level with the lowest part of the server's bottom rib;

9.1.6.1 *In Wheelchair Badminton, the whole shuttle shall be below the server's armpit at the instant of being hit by the server's racket.*

9.1.7 the shaft and the racket head of the server's racket at the instant of hitting the shuttle shall be pointing in a downward direction;

9.1.8 the movement of the server's racket shall continue forwards from the start of the service (Law 9.2) until the service is delivered (Law 9.3);

9.1.9 the flight of the shuttle shall be upwards from the server's racket to pass over the net so that, if not intercepted, it shall land in the receiver's service court (i.e. on or within the boundary lines); and

9.1.10 in attempting to serve, the server shall not miss the shuttle.

9.2 Once the players are ready for the service, the first forward movement of the server's racket head shall be the start of the service.

9.3 Once started (Law 9.2), the service is delivered when the shuttle is hit by the server's racket or, in attempting to serve, the server misses the shuttle.

9.4 The server shall not serve before the receiver is ready. However, the receiver shall be considered to have been ready if a return of the service is attempted.

9.5 In doubles, during the delivery of service (Law 9.2, 9.3), the partners may take up any positions within their respective courts, which do not unsight the opposing server or receiver

# 10 SINGLES

## 10.1 Serving and receiving courts

10.1.1 The players shall serve from, and receive in, their respective right service courts when the server has not scored or has scored an even number of points in that game.

10.1.2 The players shall serve from, and receive in, their respective left service courts when the server has scored an odd number of points in that game.

10.1.3 *In Para-badminton Classes playing half-court, the server and receiver shall serve from and receive in their respective service courts.*

10.2 *Order of play and position on court*

In a rally, the shuttle may be hit by the server and the receiver alternately, from any position on that player's side of the net, until the shuttle ceases to be in play (Law 15).

10.3 Scoring and serving

10.3.1 If the server wins a rally (Law 7.3), the server shall score a point. The server shall then serve again from the alternate service court.

10.3.2 If the receiver wins a rally (Law 7.3), the receiver shall score a point. The receiver shall then become the new server.

# 11 DOUBLES

11.1 Serving and receiving courts

11.1.1 A player of the serving side shall serve from the right service court when the serving side has not scored or has scored an even number of points in that game.

11.1.2 A player of the serving side shall serve from the left service court when the serving side has scored an odd number of points in that game.

11.1.3 The player of the receiving side who served last shall stay in the same service court from where he served last. The reverse pattern shall apply to the receiver's partner.

11.1.4 The player of the receiving side standing in the diagonally opposite service court to the server shall be the receiver.

11.1.5 The players shall not change their respective service courts until they win a point when their side is serving.

11.1.6 Service in any turn of serving shall be delivered from the service court corresponding to the serving side's score, except as provided in

Law 12.

11.2 Order of play and position on court

After the service is returned, in a rally, the shuttle may be hit by either player of the serving side and either player of the receiving side alternately, from any position on that player's side of the net, until the shuttle ceases to be in play (Law 15).

11.3 Scoring and serving

11.3.1 If the serving side wins a rally (Law 7.3), the serving side shall score a point. The server shall then serve again from the alternate service court.

11.3.2 If the receiving side wins a rally (Law 7.3), the receiving side shall score a point. The receiving side shall then become the new serving side.

11.4 Sequence of serving

In any game, the right to serve shall pass consecutively:

11.4.1 from the initial server who started the game from the right service court

11.4.2 to the partner of the initial receiver.

11.4.3 to the partner of the initial server

11.4.4 to the initial receiver,

11.4.5 to the initial server and so on.

11.5 No player shall serve or receive out of turn, or receive two consecutive services in the same game, except as provided in Law 12.

11.6 Either player of the winning side may serve first in the next game, and either player of the losing side may receive first in the next game.

# 12 SERVICE COURT ERRORS

12.1 A service court error has been made when a player:

12.1.1 has served or received out of turn; or

12.1.2 has served or received from the wrong service court;

12.2 If a service court error is discovered, the error shall be corrected and the existing score shall stand.

# 13 FAULTS

It shall be a 'fault':

13.1 if a service is not correct (Law 9.1);

13.2 if, in service, the shuttle:

13.2.1 is caught on the net and remains suspended on its top;

13.2.2 after passing over the net, is caught in the net; or

13.2.3 is hit by the receiver's partner;

13.3 if in play, the shuttle:

13.3.1 lands outside the boundaries of the court (i.e. not on or within the boundary lines);

13.3.2 fails to pass over the net;

13.3.3 touches the ceiling or side walls;

13.3.4 touches the person or dress of a player;

13.3.4.1 *In Para-badminton a Wheelchair or Crutch is considered part of the player's person.*

13.3.5 touches any other object or person outside the court;

(*Where necessary on account of the structure of the building, the local badminton authority may, subject to the right of veto of its Member Association, make bye-laws dealing with cases in which a shuttle touches an obstruction*).

13.3.6 is caught and held on the racket and then slung during the execution of a stroke;

13.3.7 is hit twice in succession by the same player. However, a shuttle hitting the head and the stringed area of the racket in one stroke shall not be a 'fault';

13.3.8 is hit by a player and the player's partner successively; or

13.3.9 touches a player's racket and does not travel towards the opponent's court;

13.4 if, in play, a player:

13.4.1 touches the net or its supports with racket, person or dress;

13.4.2 invades an opponent's court over the net with racket or person except that the striker may follow the shuttle over the net with the racket in the course of a stroke after the initial point of contact with the shuttle is on the striker's side of the net;

13.4.3 invades an opponent's court under the net with racket or person such that an opponent is obstructed or distracted;

13.4.4 obstructs an opponent, i.e. prevents an opponent from making a legal stroke where the shuttle is followed over the net;

13.4.5 deliberately distracts an opponent by any action such as shouting or making gestures;

13.4.6 *in Wheelchair Badminton*

13.4.6.1 *at the moment the shuttle is hit no part of the players' trunk is in contact with the seat of the wheelchair.*

13.4.6.2 *if the fixation of a foot to the footrest is lost.*

13.4.6.3 *during play, the player touches the floor with any part of the feet.*

13.5 if a player is guilty of flagrant, repeated or persistent offences under Law 16.

# 14 LETS

14.1 'Let' shall be called by the umpire, or by a player (if there is no umpire), to halt play.

14.2 It shall be a 'let', if:

14.2.1 the server serves before the receiver is ready (Law 9.4);

14.2.2 during service, the receiver and the server are both faulted;

14.2.3 after the service is returned, the shuttle is:

14.2.3.1 caught on the net and remains suspended on its top, or

14.2.3.2 after passing over the net is caught in the net;

14.2.4 during play, the shuttle disintegrates and the base completely separates from the rest of the shuttle;

14.2.5 in the opinion of the umpire, play is disrupted or a player of the opposing side is distracted by a coach;

14.2.6 a line judge is unsighted and the umpire is unable to make a decision; or

14.2.7 any unforeseen or accidental situation has occurred.

14.3 When a 'let' occurs, play since the last service shall not count and the player who served last shall serve again.

## 15 SHUTTLE NOT IN PLAY

A shuttle is not in play when:

15.1 it strikes the net or post and starts to fall towards the surface of the court on the striker's side of the net;

15.2 it hits the surface of the court; or

15.3 a 'fault' or a 'let' has occurred.

## 16 CONTINUOUS PLAY, MISCONDUCT & PENALTIES

16.1 Play shall be continuous from the first service until the match is concluded, except as allowed in Laws 16.2 and 16.3, *and, for Wheelchair Badminton*, 16.5.3

16.2 Intervals:

16.2.1 not exceeding 60 seconds during each game when the leading score reaches 11 points; and

16.2.2 not exceeding 120 seconds between the first and second game, and between the second and third game shall be allowed in all matches.

(For a televised match, the Referee may decide before the match that intervals as in Law 16.2 are mandatory and of fixed duration).

16.3 Suspension of play

16.3.1 When necessitated by circumstances not within the control of the players, the umpire may suspend play for such a period as the umpire may consider necessary.

16.3.2 Under special circumstances the Referee may instruct the umpire to suspend play.

*In Para-Badminton, repair of additional equipment for para-badminton (Law 5.2) may be considered a special circumstance.*

16.3.3 If play is suspended, the existing score shall stand and play shall be resumed from that point.

### 16.4 Delay in play

16.4.1 Under no circumstances shall play be delayed to enable a player to recover strength or wind or to receive advice.

16.4.2 The umpire shall be the sole judge of any delay in play.

### 16.5 Advice and leaving the court

16.5.1 Only when the shuttle is not in play (Law 15), shall a player be permitted to receive advice during a match.

16.5.2 No player shall leave the court during a match without the umpire's permission, except during the intervals as described in Law 16.2.

16.5.3 *In Wheelchair Badminton, a player may be allowed to leave the court for one additional interval during a match in order to catheterise. The player shall be accompanied by any BWF appointed Technical Official.*

### 16.6 A player shall not:

16.6.1 deliberately cause delay in, or suspension of, play;

16.6.2 deliberately modify or damage the shuttle in order to change its speed or its flight;

16.6.3 behave in an offensive manner; or

16.6.4 be guilty of misconduct not otherwise covered by the Laws of Badminton.

### 16.7 Administration of breach

16.7.1 The umpire shall administer any breach of Law 16.4.1, 16.5.2 or 16.6 by:

16.7.1.1 issuing a warning to the offending side;

16.7.1.2 faulting the offending side, if previously warned; or

16.7.1.3 faulting the offending side in cases of flagrant offence or breach of Law 16.2.

16.7.2 On faulting a side (Law 16.7.1.2 or 16.7.1.3), the umpire shall report the offending side immediately to the Referee, who shall have the power to disqualify the offending side from the match.

## 17 OFFICIALS AND APPEALS

17.1 The Referee shall be in overall charge of the tournament or championship(s) of which a match forms part.

17.2 The umpire, where appointed, shall be in charge of the match, the court and its immediate surrounds. The umpire shall report to the Referee.

17.3 The service judge shall call service faults made by the server should they occur (Law 9.1.2 to 9.1.9).

17.4 A line judge shall indicate whether a shuttle landed 'in' or 'out' on the line(s) assigned.

17.5 An official's decision shall be final on all points of fact for which that official is responsible except that if,

17.5.1 in the opinion of the umpire, it is beyond reasonable doubt that a line judge has clearly made a wrong call, the umpire shall overrule the decision of the line judge.

17.5.2 an Instant Review System is in operation, the system in operation shall decide on any line call challenge.

17.6 An umpire shall:

17.6.1 uphold and enforce the Laws of Badminton and, especially, call a 'fault' or a 'let' should either occur;

17.6.2 give a decision on any appeal regarding a point of dispute, if made before the next service is delivered;

17.6.3 ensure players and spectators are kept informed of the progress of the match;

17.6.4 appoint or replace line judges or a service judge in consultation with the Referee;

17.6.5 where another technical official is not appointed, arrange for that official's duties to be carried out;

17.6.6 where an appointed official is unsighted, carry out that official's duties or play a 'let';

17.6.7 record and report to the Referee all matters relating to Law 16; and

17.6.8 refer to the Referee all unsatisfied appeals on questions of law only.

(Such appeals must be made before the next service is delivered or, if at the end of the match, before the side that appeals has left the court.)

Note:In all diagrams that follow =court area for play and =service area

DIAGRAME

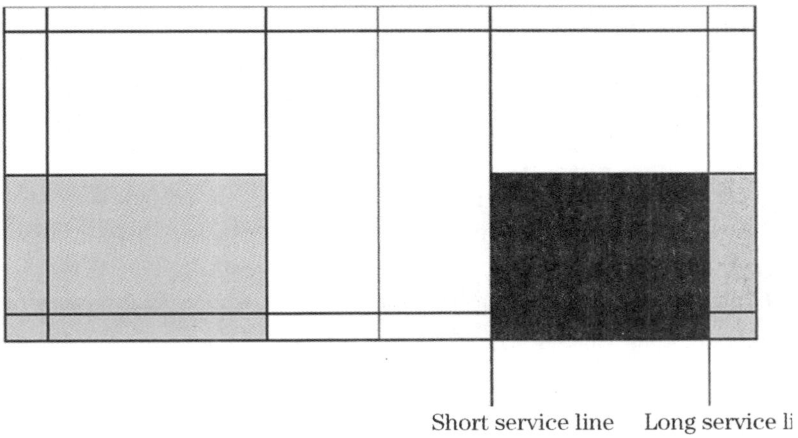


*Court and service court for Para-badminton wheelchair Classes singles.*

DIAGRAME

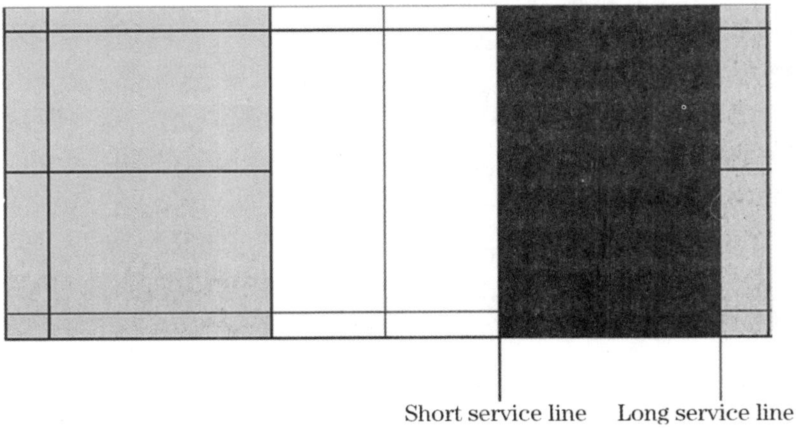


Court and service court for doubles Para-badminton wheelchair Classes doubles

DIAGRAME

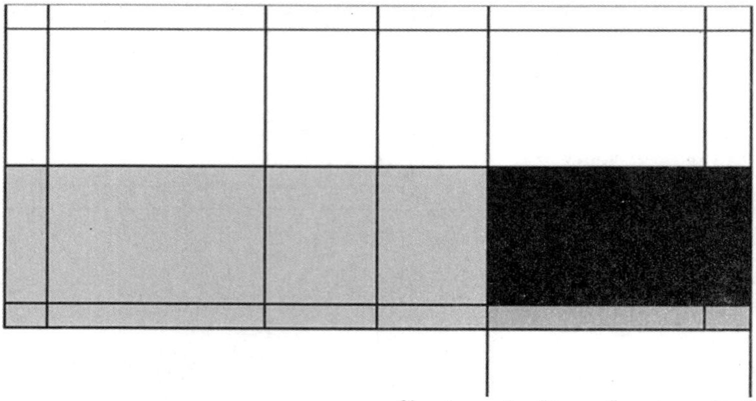


Court and service court for Para-badminton singles standing Classes playing half-court.

All other standing Classes will play standard court (Diagram A) for both singles and doubles.

# RECOMMENDATIONS TO TECHNICAL OFFICIALS

## 1 INTRODUCTION

1.1 The Recommendations to technical officials are issued by the BWF in its desire to standardise the control of the game in all countries and in accordance with its Rules.

1.2 The purpose of these Recommendations is to advise umpires how to control a match firmly and with fairness, without being officious, while ensuring that the Laws of the game are observed.

These Recommendations also give guidance to service judges and line judges as to how to carry out their duties.

1.3 All technical officials shall remember that the game is for the players.

## 2 OFFICIALS AND THEIR DECISIONS

2.1 An umpire shall report to and acts under the authority of the Referee (Law 17.2) (or the responsible official in the absence of a Referee).

2.2 A service judge shall normally be appointed by the Referee but can be replaced by the Referee or by the umpire in consultation with each other (Law 17.6.4).

2.3 Line judges shall normally be appointed by the Referee, but a line judge can be replaced by the Referee or by the umpire in consultation with each other (Law 17.6.4).

2.4 An official's decision shall be final on all points of fact for which that official is responsible except that if, in the opinion of the umpire, it is beyond reasonable doubt that a line judge has clearly made a wrong call, the umpire shall overrule the decision of the line judge (Law 17.5) or where an Instant Review System is in operation the system in operation shall decide on any line call challenge using the review system (Law 17.5.2). If, in the opinion of the umpire, the line judge needs to be replaced, the umpire shall call the Referee (Law 17.6.4,

Recommendation 2. 3).

2. 5 When another official is unsighted, the umpire shall make the decision. When no decision can be given, a 'let' shall be called (Law 17. 6. 6).

2. 6 The umpire shall be in charge of the court and its immediate surrounds. The umpire's jurisdiction shall exist from entering the court before the match until leaving the court after the match (Law 17. 2).

# 3 RECOMMENDATIONS TO UMPIRES

3. 1 Before the match, the umpire shall:

3. 1. 1 obtain the score-sheet from the Referee;

3. 1. 2 ensure that any scoring device to be used is working;

3. 1. 3 see that the posts are on the doubles side lines (Law 1. 5);

3. 1. 4 check the net for the height and ensure that there are no gaps between the ends of the net and the net posts;

3. 1. 5 ascertain whether there are any bye-laws regarding the shuttle hitting an obstruction;

3. 1. 6 ensure that the service judge and the line judges know their duties and that they are correctly placed (Sections 5 and 6);

3. 1. 7 ensure that a sufficient quantity of tested shuttles (Law 3) is readily available for the match in order to avoid delays during play;

(It is customary for the umpire to delegate the duties specified in Recommendations 3. 1. 3, 3. 1. 4 and 3. 1. 7 to the service judge, where one is appointed);

3. 1. 8 check that the players' clothing conforms to the relevant Regulations concerning colour, designs, lettering and advertising, and ensure that any violations are rectified. Any decision that the clothing was in violation of the Regulations (or was nearly so) shall be advised to the Referee or appropriate official before the match or, if this is not possible, immediately after the match;

3. 1. 9 carry out the toss fairly and ensure that the winning side and the losing side exercise their choices correctly (Law 6). Note the choices of the ends;

3.1.10 note, in the case of doubles, the names of the players starting in the right service court. Similar notes shall be made at the start of each game. (This enables a check to be made at any time to see if the players are in the correct service court);

3.2 **To start the match**, the umpire shall announce the match using the appropriate announcement from the following and point to the right or to the left at the appropriate words in the announcement. (W, X, Y, Z being names of the players and A, B, C, D being names of the countries represented.)

**Singles**

Tournament

"Ladies and Gentlemen; on my right, 'X, A'; and on my left, 'Y, B'. 'X' to serve; love all; play."

Team Championship

"Ladies and Gentlemen; on my right, 'A', represented by 'X'; and on my left, 'B', represented by 'Y'. 'A' to serve; love all; play."

**Doubles**

Tournament

"Ladies and Gentlemen; on my right, 'W, A' and 'X, B'; and on my left, 'Y, C' and 'Z, D'. 'X' to serve to 'Y'; love all; play."

If doubles partners represent the same country, announce the country name after announcing both players' names. e.g. 'W and X, A'

Team Championship

"Ladies and Gentlemen; on my right, 'A', represented by 'W' and 'X'; and on my left, 'B', represented by 'Y' and 'Z'. 'A' to serve; 'X' to 'Y'; love all; play."

The calling of "Play" constitutes the start of a match.

## 3.3 During the match

3.3.1 The umpire shall:

3.3.1.1 use the standard vocabulary in Appendix 4 of the Laws of Badminton;

3.3.1.2 record and call the score. Always call the server's score first;

3.3.1.3 during the service, if a service judge is appointed, especially watch the receiver. The Umpire may also call service fault, if necessary;

3.3.1.4 if possible, keep aware of the status of any scoring device; and

3.3.1.5 raise the right hand above the umpire's head, if assistance is needed from the Referee.

3.3.1.6 raise the left hand above the Umpire's head when a decision is required from the system in operation on any line call review using the Instant Review System.

3.3.2 When a side loses a rally and thereby the right to continue serving (Law 10.3.2, 11.3.2), call:

"Service over"

followed by the score in favour of the new serving side; if necessary, at the same time pointing the appropriate hand towards the new server and the correct service court.

3.3.3 "Play" shall only be called by the umpire:

3.3.3.1 to indicate that a match or a game is to start or that a game after interval or after changing the ends is to continue;

3.3.3.2 to indicate that play is to resume after a break; or

3.3.3.3 to indicate that the umpire is instructing players to resume play.

3.3.4 "Fault" shall be called by the umpire when a 'fault' occurs, except as follows:

3.3.4.1 a 'fault' of the server (Law 9.1) called by the service judge under Laws 13.1 shall be acknowledged by the umpire by calling "Service fault called". The umpire shall call a 'fault' of the receiver by calling "Fault receiver";

3.3.4.2 a 'fault' occurring under Law 13.3.1, for which the line judge's call and signal suffices (Recommendation 6.2); and

3.3.4.3 'faults' occurring under Laws 13.2.1, 13.2.2 or 13.3.2

which shall only be called if clarification is needed for the players or the spectators.

3.3.5 During each game when the leading score reaches 11 points (or appropriate score for matches being played using other scoring systems as outlined in Part II Section 1B Appendix 3) call "Service over", where appropriate, followed by the score immediately after the rally scoring the 11th point has ended followed by "Interval", regardless of applause. This constitutes the start of interval allowed under Law 16.2.1. During each interval, the service judge, where appointed, shall ensure that the court is mopped during the interval.

3.3.6 In the interval during the games when the leading score reaches 11 points (Law 16.2.1 or appropriate score for matches being played using other scoring systems as outlined in Part II Section 1B Appendix 3), after 40 seconds have elapsed, call:

"[Court...], 20 seconds". Repeat the call.

In the intervals (Law 16.2.1) during the first and second game, and in the third game after the players have changed the ends, each side may be joined on the court by not more than two persons. These persons shall leave the court when the umpire calls "...20 seconds".

To start the game after the interval, repeat the score followed by "Play".

If the players do not claim the interval under Law 16.2.1, play in that game shall proceed without an interval.

3.3.7 Extended game:

3.3.7.1 When leading side reaches 20 points, in each game, call "Game point" or "Match point", as applicable.

3.3.7.2 If a side reaches 29 points, in each game and for each side, call "Game point" or "Match point", as applicable.

3.3.7.3 The calls in Recommendation 3.3.7.1 and 3.3.7.2 shall always immediately follow the server's score and precede the receiver's score.

3.3.8 At the end of each game, "Game" must always be called

immediately after the conclusive rally has ended, regardless of applause. Where appropriate this constitutes the start of any interval allowed under Law 16. 2. 2.

After the first game ends, call:

"First game won by…[name(s) of player(s), or team (in a team championship)] …[score]".

After the second game ends, call:

"Second game won by …[name(s) of player(s), or team (in a team championship)] …[score]; One game all".

At the end of each game, the service judge, where appointed, shall ensure that the court is mopped during the interval and place the interval board, if provided, at the centre below the net.

If a game wins the match, call instead:

"Match won by …[name(s) of player(s), or team (in a team championship)] …[scores]".

3. 3. 9 In the intervals between the first and second game and between the second and third game (Law 16. 2. 2), after 100 seconds have elapsed, call:

"[Court. . . ] 20 seconds". Repeat the call.

In the intervals (Law 16. 2. 2) between two games each side may be joined on the court by no more than two persons. These persons shall join the side after the players have changed the ends, and shall leave the court when the umpire calls ". . . 20 seconds".

3. 3. 10 To start the second game, call:

"Second game; love all; play".

If there is to be a third game, to start the third game, call:

"Final game; love all; play".

3. 3. 11 In the third game, or in a match of one game, call "Service over", where appropriate, followed by the score, followed by "Interval; change ends" when the leading score reaches 11 points (Law 8. 1. 3). To start the game after the interval, repeat the score, followed by "Play".

3.3.12 After the end of the match immediately take the completed score-sheet to the Referee.

## 3.4 Line calls

3.4.1 The umpire shall always look to the line judge(s) when the shuttle lands close to a line and always when the shuttle lands out, however far. The line judge shall be entirely responsible for the decision except Recommendation 3.4.2 or 3.4.4 below.

3.4.2 If, in the opinion of the umpire, it is beyond reasonable doubt, a line judge has clearly made a wrong call, the umpire shall call:

3.4.2.1 "Correction, IN", if the shuttle has landed "in"; or

3.4.2.2 "Correction, OUT", if the shuttle has landed "out".

3.4.3 In the absence of a line judge or if the line judge is unsighted, the umpire shall immediately call:

3.4.3.1 "Out" before calling the score when the shuttle lands outside the line; or

3.4.3.2 the score, when the shuttle lands in; or

3.4.3.3 "Let" when the umpire is also unsighted. When an Instant Review System is in operation, the Umpire shall request a decision from the system in operation. The Umpire shall call "Unsighted", and at the same time raise the left hand above the Umpire's head.

3.4.4 If the call by the line judge (Recommendations 6.2, 6.3) or the call by the umpire (Recommendations 3.4.2 and 3.4.3) is challenged by a player/pair/country where an Instant Review System is in operation (Law 17.5.2, Part III, Section IB, Appendix 7), the umpire shall ensure that the player/pair has a valid right to challenge. The player should clearly say "Challenge" to the Umpire and at the same time, make a clear signal by raising the arm.

3.4.4.1 If there is a right to challenge remaining the umpire shall call: "…{name of the player who challenges. Called IN (or OUT, as appropriate)}" at the same time raising the left hand above the Umpire's head.

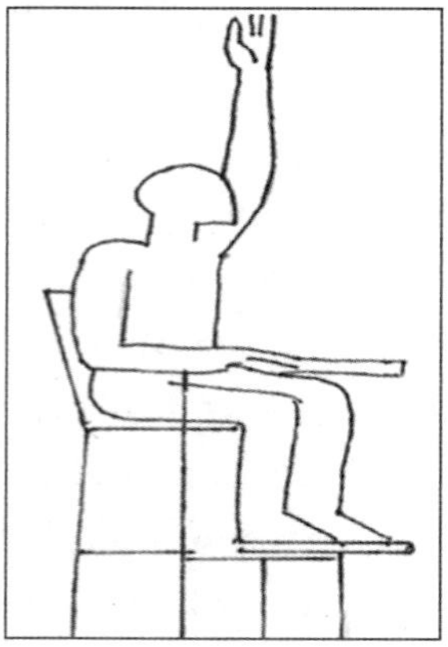

3.4.4.2 The system in operation will review the call by using the Instant Review System and indicate to the umpire the result of the challenge by giving the final call IN, OUT or NO DECISION.

3.4.4.3 To announce the result of the challenge, call:

- If challenge is successful: "Correction, IN" or "Correction, OUT" [as appropriate]. Thereafter call "Service over", where appropriate, followed by the score. Call "Play".
- If challenge is unsuccessful: "Challenge unsuccessful" ["one" or "no", as appropriate] challenge remaining." "Service over", where appropriate, followed by the score. Call "Play".
- If the final call is "No Decision" then "Let" shall be given on review of a call "Unsighted", otherwise the original, challenged decision stands.

3.5 **During the match**, the following situations shall be watched for and dealt with as detailed.

3.5.1 A player throwing a racket into the opponent's court or sliding under the net (and who also thereby obstructs or distracts an opponent), shall be faulted under Law 13.4.2 or 13.4.3 respectively.

3.5.2 A shuttle invading from an adjacent court shall not automatically be considered a "let".

A "let" shall not be called if, in the opinion of the umpire, such invasion:

3.5.2.1 has gone unnoticed by the players; or

3.5.2.2 has not obstructed or distracted the players.

3.5.3 A player shouting to a partner who is about to hit the shuttle shall not necessarily be regarded as distracting the opponents. Calling 'no shot', 'fault', etc. shall be considered as distraction (Law 13.4.5).

3.5.4 Players leaving the court

3.5.4.1 Ensure that the players do not leave the court without the umpire's permission except during the intervals as described in Law 16.2. (Law 16.5.2)

3.5.4.2 Any offending side may have to be reminded that leaving the court needs the umpire's permission (Law 16.5.2). If necessary, Law 16.7 shall be applied. However, change of a racket at courtside during a rally is permitted.

3.5.4.3 During the game, if play is not unduly held up, the players may be allowed to have a quick towel and/or drink at the discretion of the umpire.

3.5.4.4 If the court needs to be mopped, the players shall be within the court before the mopping is over.

3.5.5 Delays and suspension

Ensure that the players do not deliberately cause any delay in, or suspension of play (Law 16.4). Any unnecessary walk around the court shall be prevented. If necessary, Law 16.7 shall be applied.

3.5.6 Coaching from off the court

3.5.6.1 Coaching from off the court (Law 16.5.1) shall be prevented in any form from the moment when the players are ready to play and while the shuttle is in play.

3.5.6.2 Ensure that:

3.5.6.2.1 the coaches are seated in the designated seats

and do not stand court-side during the match except during the permitted intervals ( Law 16. 2) ;

3. 5. 6. 2. 2 there is no distraction or disruption to play by any coach

3. 5. 6. 2. 3 the coaches do not attempt to communicate in any way with opposing players or Coaches or Team Officials during the course of a match; or uses any electronic device for any purpose.

3. 5. 6. 3 If, in the opinion of the umpire, play is disrupted or a player of the opposing side is distracted by a coach, a "let" shall be called (Law 14. 2. 5).
The Referee shall be called immediately, on recurrence of such incident.

3. 5. 6. 4 The Referee shall ensure that the Code of Conduct for Coaches and Team Officials ( Part III, Section 1B, Appendix 9) is adhered to.

3. 5. 7 Change of shuttle

3. 5. 7. 1 Changing the shuttle during the match shall not be unfair. The umpire shall decide if the shuttle needs to be changed.

3. 5. 7. 2 A shuttle whose speed or flight has been interfered with shall be discarded and Law 16. 7 applied, if necessary.

3. 5. 7. 3 The Referee shall be the sole judge for deciding the speed of the shuttles to be used. If both sides wish to change the speed of shuttle, the Referee shall be called immediately. The Referee shall get the shuttle tested for speed, if necessary.

3. 5. 8 Injury or sickness during a match

3. 5. 8. 1 Injury or sickness during a match should be handled carefully and flexibly. The umpire must determine the severity of the problem as quickly as possible. The Referee shall be called on the court, if necessary.

The Referee shall decide on whether a medical official or any other persons are required on court. The medical official should examine the player and advise the player about the severity of the injury or sickness. No treatment causing undue delay shall be administered on the court.

If there is bleeding, the game should be delayed until the bleeding stops or the wound is suitably protected

3.5.8.2 The Referee should advise the umpire of the time that may be required for the player to resume play. The Umpire shall monitor the elapsed time.

3.5.8.3 The Umpire shall ensure that the opposing side is not put at a disadvantage. Laws 16.4, 16.5, 16.6.1, and 16.7 shall be applied appropriately.

3.5.8.4 When appropriate, when there is injury, illness or other unavoidable hindrance, ask the player:

"Are you retiring?"

and if the answer is affirmative, call

"…[name of player] retired, match won by …[name of player(s)/team, as appropriate]…[score]".

3.5.9 Mobile Phone

If a player's mobile phone rings on the court or its immediate surroundings, during a match, it shall be considered to be an offence under Law 16.6.4 and shall be penalised appropriately as per Law 16.7.

3.5.10 Player's conduct on the court

3.5.10.1 The Umpire shall ensure that players conduct on the court is honourable and in a sportsmanlike manner.

3.5.10.2 Any breach of Players' Code of Conduct Regulations 4.5 to 4.7, and 4.11 to 4.17 (Part III, Section 1A, Appendix 4) shall be considered to be an offence under Law 16.6.4.

### 3.6 Suspension of play

If play has to be suspended, call:

"Play is suspended"

and record the score, server, receiver, correct service courts and ends. When play resumes, note the duration of suspension, ensure that the players have taken the correct positions and call:

"Are you ready?"

Call the score and "Play".

### 3.7 Misconduct

3.7.1 Record and report to the Referee any incident of misconduct and the action taken.

3.7.2 When the umpire has to administer a breach of Law 16.4.1, 16.5.2 or 16.6 by issuing a warning to the offending side (Law 16.7.1.1), call "Come here" to the offending player and call:

"… [name of player], warning for misconduct"

at the same time raising the right hand **holding a yellow card** above the umpire's head.

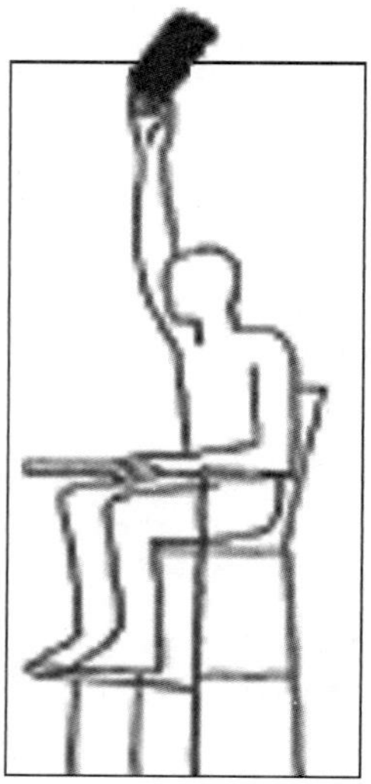

3.7.3 When the umpire has to administer a flagrant or persistent breach of Laws 16.2, 16.4.1, 16.5.2 or 16.6 by faulting the offending side (Law 16.7.1.2 or 16.7.1.3) and reporting the offending side immediately to the Referee with a view to disqualification, call "Come here" to the offending player and call:

"… [name of player], fault for misconduct"

at the same time raising the right hand **holding a red card** above the umpire's head, and calling the Referee.

3.7.4 When the Referee decides to disqualify the offending player or pair of players, a black card is given to the umpire. The umpire shall call "Come here" to the offending player or pair and call:

"… [name of player(s)], disqualified for misconduct "

at the same time raising the right hand holding a black card above the umpire's head.

Any disqualification for misconduct shall render a player disqualified for the entire tournament or championship.

3.7.5 Misconduct during intervals (Law16.2) is treated as misconduct during a game. This should be followed by the appropriate call in either of Recommendations 3.7.2 to 3.7.3 immediately on occurrence of misconduct. At the start of play after interval, call,

"….. game; love all" (after intervals between games)

Or call

"11-[score]" (after intervals at 11 points).

Only in cases of administration of misconduct under Law 16.7.1.2 or 16.7.1.3, the Umpire shall call

"… [name of player], faulted"

Thereafter, call "Service over", where appropriate followed by the score.

Call "Play".

If the player is disqualified by the Referee, call

"…[name of player], disqualified for misconduct"

Thereafter, call in Recommendation 3.3.8.

3.7.6 Misconduct before and after the match while on court, shall be treated as in RTTO 3.7.2 to 3.7.4, as appropriate. Record and report any incident of such misconduct to the Referee and the action taken. However, it shall have no effect on the score of the match.

# 4 GENERAL ADVICE ON UMPIRING

This section gives general advice which shall be followed by the Umpires.

4.1 Know and understand the Laws of Badminton.

4.2 Call promptly and with authority, but, if a mistake is made, admit it, apologise and correct it.

4.3 Make all announcements and calling of the score distinctly and loudly enough to be heard clearly by players and the spectators.

4.4 Do not call a 'fault' and allow the game to proceed, if a doubt arises in your mind as to whether an infringement of the Laws has occurred or not.

4.5 Never ask the spectators nor be influenced by them or their remarks.

4.6 Motivate your other technical officials, e.g. by discreetly acknowledging the decisions of line judges and establishing a working relationship with them.

4.7 Wear the appropriate uniform, including following the Clothing Regulations for Umpires where a uniform has not been provided (refer to GCR 24).

# 5 INSTRUCTIONS TO SERVICE JUDGES

5.1 The service judge shall sit on a low chair by the post, preferably opposite the umpire.

5.2 The service judge is responsible for judging that the server delivers a correct service (Law 9.1.2 to Law 9.1.9). If not, call "Fault" loudly and use the approved hand signal to indicate the type of infringement.

5.3 The approved hand signals are:

Law 9. 1. 8

*During the delivery of service ( Law 9. 2, 9. 3 ), the movement of the server's racket does not continuously move forward.*

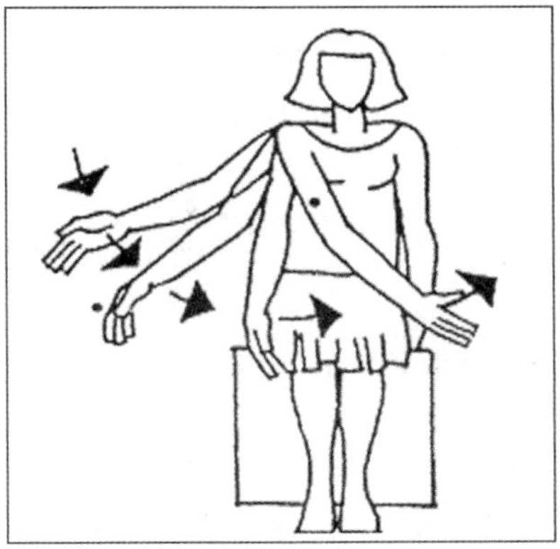

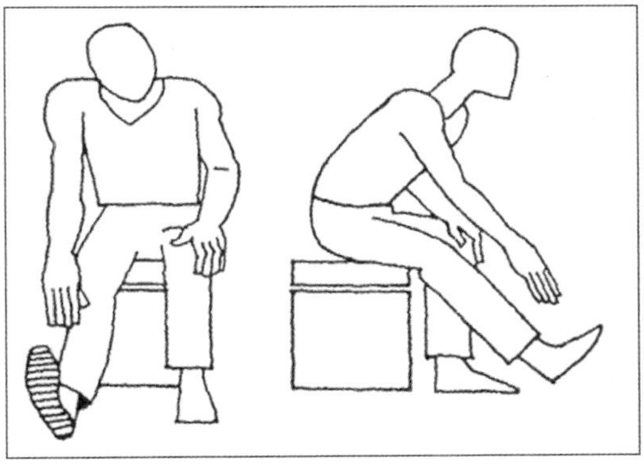

Laws 9. 1. 3 and 9. 1. 4

*During the delivery of service (Law 9. 2, 9. 3) the server and or the receiver are not standing within diagonally opposite service courts, if they are touching a boundary line of these service courts, or if one or both feet are not in contact with the service court, and in a stationary position until the service is delivered.*

Law 9. 1. 5

*Initial point of contact of server's racket with the shuttle not on the base of the shuttle.*

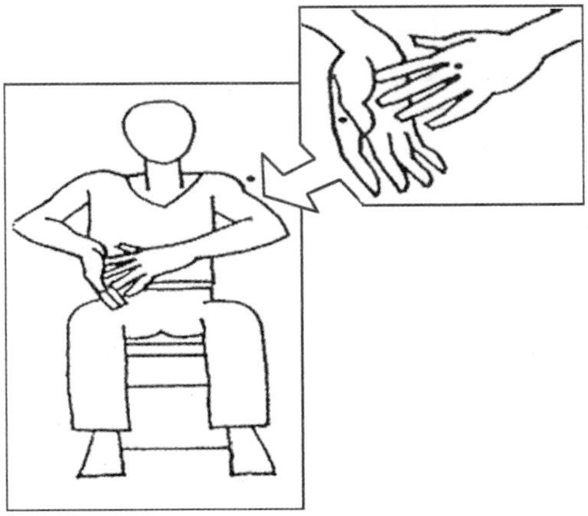

Law 9. 1. 6

*The whole shuttle at the instant of being hit by server's racket not below the server's waist.*

Law 9. 1. 7

*At the instant of hitting the shuttle, the shaft and the racket head of the server's racket not pointing in a downward direction.*

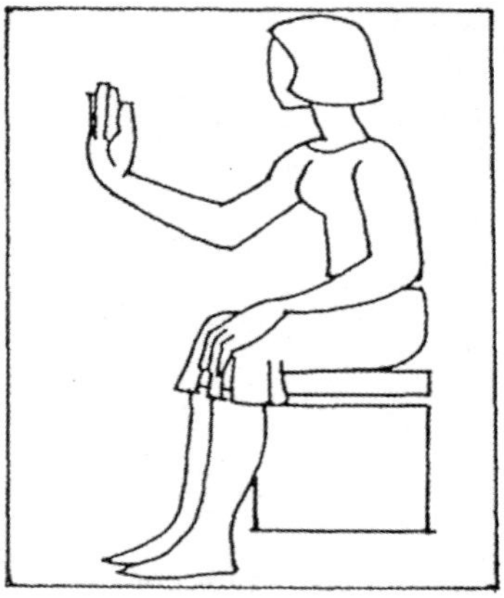

5.4 The umpire may arrange with the service judge any extra duties to be undertaken, provided that the players are so advised.

# 6 INSTRUCTIONS TO LINE JUDGES

6.1 The line judges shall sit on chairs in prolongation of their lines at the ends and sides of the court and preferably at the side opposite to the umpire. (See diagrams).

6.2 A line judge shall be entirely responsible for the line(s) assigned except that the umpire shall overrule the call of the line judge, if beyond reasonable doubt, in the opinion of the umpire, a line judge has clearly made a wrong call or the referee shall supersede the line call by the line judge or the overrule by the Umpire if challenged by a player/pair where an Instant Review System is in operation (Law 17.5.2, Part II, Section 1B, Appendix 7).

6.2.1 If the shuttle lands out, no matter how far, call "Out" promptly in a clear voice, loud enough to be heard by the players and the spectators and, at the same time, signal by extending both arms horizontally so that the umpire can see clearly.

6.2.2 If the shuttle lands in, the line judge shall say nothing, but point to the line with the right hand.

6.3 If unsighted, inform the umpire immediately by putting both hands up to cover the eyes.

6.4 Do not call or signal until the shuttle has touched the floor.

6.5 Calls shall always be made, and no anticipation made of umpiring decisions, e.g. that the shuttle hit a player.

6.6 The approved hand signals are:

## SHUTTLE IS OUT

*If the shuttle lands out, no matter how far, call "Out" promptly in a clear voice, loud enough to be heard by the players and the spectators and, at the same time, signal by extending both arms horizontally so that the umpire can see clearly.*

## SHUTTLE IS IN

*If the shuttle lands in, say nothing, but point to the line with your right hand.*

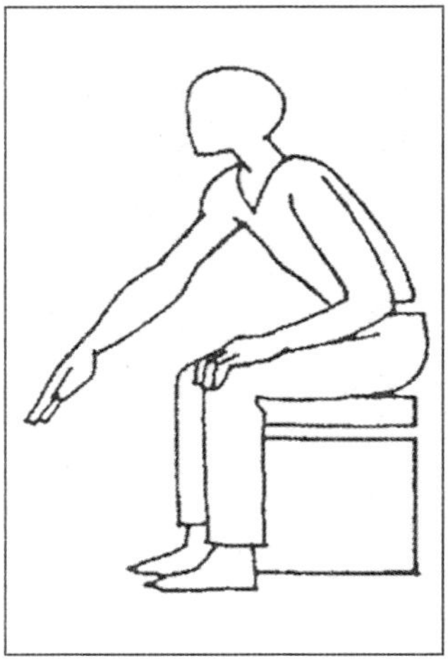

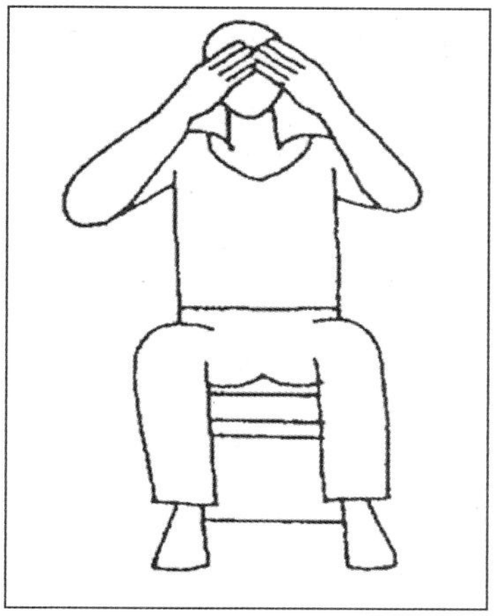

IF UNSIGHTED

*If unsighted, inform the umpire immediately by holding your hands to cover your eyes.*

# POSITIONS OF LINE JUDGES

Where practical, it is recommended that the line judges´ positions be 2.5 to 3.5 metres from the court boundaries and, in any arrangement, the line judges´ positions be protected from encroachment by any outside influence, e.g. by photographers.

X indicates the positions of the line judges

**Singles**

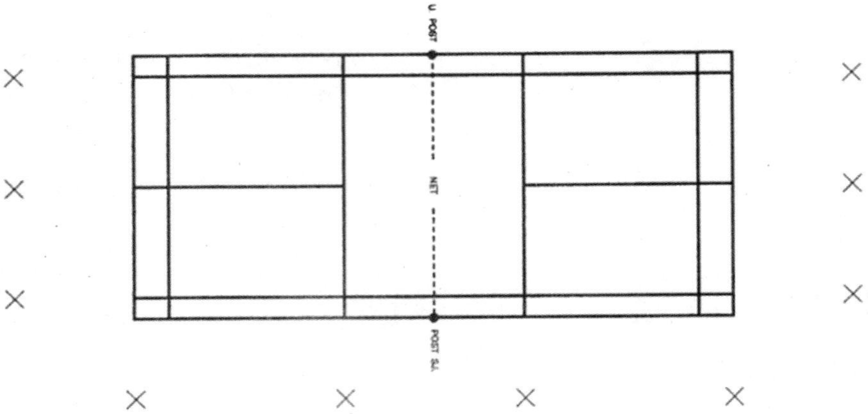


**Doubles**

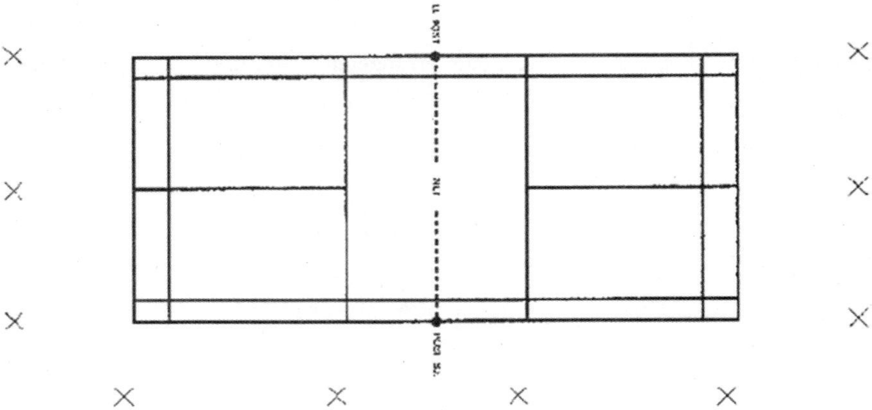